W. Goss

Ewige Liebe in der Beziehung?

Wie die Ehe durch Vergeben gelingt

Dipl.-Päd. Wilhelm Goss ist Erziehungswissenschaftler, Theologe und Verhaltenstherapeut. Er ist seit 1993 im pastoralen Dienst und seit 2013 im psychotherapeutischen Bereich tätig. In seinen Vorträgen und Büchern beschäftigt er sich mit den facettenreichen zwischenmenschlichen Beziehungen.

 www.gossweb.de

 www.beratungs-und-bildungswerk.de

 wilhelm.goss@web.de

 www.facebook.com/WilliGoss

 www.facebook.com/gossvertrieb

Ewige Liebe

in der Beziehung?

Wie die Ehe durch Vergeben gelingt

W. Goss

www.verlagsbuchhandlung-goss.de

Bibliografische Information der Deutschen Nationalbibliothek: Die Deutsche Nationalbibliothek verzeichnet diese Publikation in der Deutschen Nationalbibliografie; detaillierte bibliografische Daten sind im Internet über http://dnb.dnb.de abrufbar.

W. Goss
Ewige Liebe in der Beziehung?
Wie die Ehe durch Vergeben gelingt.

Dieses Buch erscheint parallel als E-Book und Printbuch:
ISBN 978-3-96842-001-1 (MOBI)
ISBN 978-3-96842-002-8 (Paperback)
ISBN 978-3-96842-003-5 (Hardcover)
ISBN 978-3-96842-008-0 (English Edition Mobi)
ISBN 978-3-96842-009-7 (English Edition Paperback)
ISBN 978-3-96842-010-3 (English Edition Hardcover)

© 2020 Verlagsbuchhandlung Natalya Goss
Ludtringstr. 46, 90491 Nürnberg
www.verlagsbuchhandlung-goss.de

Covergestaltung: Zainab Amin

Zum Autor

Dipl.-Päd. Wilhelm Goss ist Erziehungswissenschaftler, Theologe und Verhaltenstherapeut. In seinen Vorträgen und Büchern beschäftigt er sich mit den facettenreichen zwischenmenschlichen Beziehungen.

Seit 1996 bereitet Wilhelm Goss, größtenteils mit seiner Frau, Paare in individuellen Ehevorbereitungsgesprächen auf die Ehe vor. Die allermeisten von Ihnen leben noch heute zusammen und geben rückblickend an, dass ihnen dieses Paar-Coaching im Hinblick auf die Konfliktbewältigung und den Umgang mit Paarkränkungen in der Ehebeziehung sehr geholfen hat. Seit 2013 arbeitet Herr Goss noch intensiver mit Kindern und Jugendlichen sowie ihren Eltern. Aktuell ist der Beziehungsexperte in der Tagesklinik und der Ambulanz einer Kinder- und Jugendpsychiatrie und – psychotherapie tätig. In diesem Setting werden Interventionen zur Konfliktbewältigung und zur Reduzierung negativer Emotionen fast täglich angewandt.

Das vorliegende Buch ist aus zahlreichen Paar-Coachings und diversen Vorträgen erwachsen und implementiert verschiedene wissenschaftliche Disziplinen. Verschiedene Aspekte aus den Bereichen der Psychologie, der Soziologie, der Psychotherapie, der Medizin und der Theologie sind in diesem Buch essentiell verbunden, wie z.B. die Forgiveness-Forschung, die Austauschtheorie, die Well-Being-Therapie, die Verbitterungsstörung und die christliche Vergebungslehre. Dem Autor ist es ein Anliegen, nicht nur einen kognitiven Wissensinput zu geben, sondern den Leser pragmatisch in seiner Situation anzusprechen und wenn möglich, ein Stück weiter in die selbstbestimmte Freiheit zu verhelfen. Ganz neu dazu ist die Möglichkeit eines persönlichen (Video-) Telefon-Coachings (https://bit.ly/31512zM in Deutsch), um so persönlich mit Dipl.-Päd. W. Goss zu sprechen und konkrete Fragen oder leichte Kränkungen im Gespräch zu reflektieren.

Wenn Sie mehr über den Autor und seine vielfältigen Tätigkeiten erfahren möchten, so bietet Ihnen die Homepage www.GossWEB.de reichhaltige Hinweise. Die allerneuesten Informationen erhalten Sie jedoch über den **aktuellen Newsletter.** Dort erfahren Sie von weiteren Bildungsangeboten und Beratungsangeboten, wie zum Beispiel dem umfangreichen Erziehungstraining FAMILIE VITAL (www.familie-vital.eu) für gestresste Eltern. Melden Sie sich dazu zum Newsletter an.

Schön, dass Sie sich für das Buch entschieden haben. Vielleicht bekommt man jedoch ein Bauchkribbeln, wenn man den Titel liest. Das klingt fast so, als wenn jetzt gleich das Patentrezept für eine harmonische Ehe enthüllt wird. Dann muss man das nur aus der Schublade ziehen - und schon wird die angespannteste Ehebeziehung harmonisch. Ganz so möchte ich das Thema nicht verstanden wissen. Ich persönlich bin davon überzeugt, dass, wer als Paar diesen Weg des Vergebens wählt und die weiteren Ausführungen beherzigt, einen dauerhaften Weg für eine harmonische Ehebeziehung finden wird, den Traum einer ewigen Liebe. Auch in unserer bald 25-jährigen Ehe läuft nicht immer alles rund. Und wie jedes Ehepaar können auch wir davon berichten, wie anstrengend und frustrierend es sein kann, wenn die Beziehung durch irgendetwas, sei es eine unbedachte verbale Bemerkung oder ein unreflektiertes Verhalten, belastet wird. Aber auch uns als Paar hat das, was ich jetzt aus mehrjähriger Reflektion weitergeben werde, auf unserer Ehereise geholfen. Wollen Sie sich auf dieses Geheimnis einlassen? Ich bin gerne bereit, es mit Ihnen zu teilen.

Was erwartet Sie in diesem Buch? Im ersten Teil nähern wir uns anhand der Analogie eines Autofahrers der emotionalen Verletzungen und Kränkungen der Seele in Beziehungen an. Anschließend zeige ich anhand von verschiedenen wissenschaftlichen Teildisziplinen sehr lebensnah und praktisch die weitreichenden Erkenntnisse zu dem Thema Vergebung in Beziehungen auf. Darin wird auch deutlich, warum wir in so vertrauten Beziehungen wie die Ehe so sensibel auf Beziehungskränkungen reagieren. Statt destruktive Wege der Konfliktbewältigung in gekränkten Beziehungen zu wählen, wird die Vergebung als konstruktive Alternative in ihrer Nachhaltigkeit für gesunde Beziehungen dargestellt. Sich bewusst für den Weg der Vergebung zu entscheiden, ist der Beginn eines Vergebungsprozesses, der Paarbeziehungen durchaus retten und heilen kann. Abschließend wird die Frage nach der Ressource dieser Vergebungskraft in uns theologisch reflektiert und nachgespürt. Wer sich abschließend noch konkreter eine praktische Anleitung in der individuellen Beziehungskränkung wünscht, wird zu einem persönlichen Telefon-Coaching mit dem Autor eingeladen, um zu erfahren und vielleicht auch zu erleben — **wie die Ehe durch Vergeben gelingt**.

Nürnberg, im Februar 2020

Wilhelm Goss

Die Reise beginnt – bitte einsteigen

Ich arbeite seit 1993 im pastoralen und seit 2013 im psychotherapeutischen Bereich sehr intensiv mit Menschen. Immer wieder kommen Paare zur Beratung, die sich am Rande ihrer Beziehungskräfte füreinander sehen. Und nicht selten taucht dann die Frage auf, wie es geschehen kann, dass die einst so harmonische Liebesbeziehung aktuell als so belastend und teilweise sogar verfeindet empfunden werden kann. Als man geheiratet hatte, war doch alles supergut.

> *Die Braut steht ganz in Weiß dem Bräutigam im schwarzen Frack gegenüber. Da fragt einmal ein kleinerer Junge: „Mama, warum ist die Braut denn ganz in Weiß?" „Weißt du" antwortet die Mutter, „das ist ihr schönster Tag im Leben und die ist ganz glücklich. Deshalb trägt sie ein ganz weißes Kleid." „Ach so" entgegnet der Fünfjährige und ergänzt: „Jetzt weiß ich auch, warum der Mann ganz in Schwarz da vorne steht."*

Alle Paare, die ich als Pastor getraut habe, waren ausnahmslos an ihrem Hochzeitstag glücklich. Aber nicht alle lebten das weitere Leben glücklich und harmonisch in ihrer Ehe. Da stellt sich doch die Frage, warum das so sein kann. Alle Ehepaare sind einmal glücklich gestartet, jedoch gibt es wohl einige Ereignisse, die sich während der langen Beziehung so negativ auswirken können, dass ihnen das Eheleben mit der Zeit eher wie eine schwere Last vorkommt, die man mit sich schleppt, solange man noch die innere Kraft und die Ausdauer zum Ertragen hat.

Achtung – Beziehungscrash

Ich möchte folgendes Bild zur Illustration verwenden. Wenn wir einen Unfall mit dem Auto hätten und körperlich stark verletzt wären, würden wir doch sofort den Rettungsdienst rufen, wir würden abgeholt und unsere Verletzungen würden medizinisch versorgt werden. Auch wenn es nicht ganz so schlimm sein sollte, lassen wir uns trotzdem medizinisch durchchecken, um sicher zu sein, dass alles in Ordnung ist. Selbst wenn wir uns zu Hause in den Finger schneiden sollten, würden wir uns selbst verarzten und z.B. ein Pflaster auf die kleine Schnittwunde kleben. Wir würden auf jeden Fall versuchen, die körperlichen Gebrechen oder körperliche Verletzungen irgendwie angemessen zu versorgen. Bei Kleinigkeiten würden wir es vielleicht selber tun. Aber wenn das Bein gebrochen wäre und wir es versorgen lassen müssten, würden wir sicher professionelle Hilfe in Anspruch nehmen und uns helfen lassen, oder?

Das ist für uns, glaube ich, gar keine Frage, dass man sich bei deutlichen körperlichen Verletzungen professionell medizinisch versorgen lässt. Folgende Frage stellt sich mir aber: Was ist, wenn im sozialen zwischenmenschlichen Bereich etwas nicht so gut läuft? Wenn seelische Verletzungen auftauchen, wenn etwas nicht so klappt, wie ich es mir vorstelle und negative Beziehungserfahrung, Kränkungen und Enttäuschungen geschehen? Wo gehen wir dann hin? Gehen wir dann zum Internisten oder gar in die Chirurgie und sagen, mein Herz tut gerade weh, weil ich zutiefst seelisch gekränkt worden bin? Die werden Sie vermutlich in der Ambulanz ein bisschen komisch anschauen, wenn Sie von einer tiefen Kränkung und Enttäuschung erzählen würden. „Vielleicht sind Sie hier ein bisschen falsch" so würde vielleicht der Arzt zu Ihnen sagen und wenn es gut läuft, dann schickt er Sie weiter in meine berufliche Richtung – zur Psychotherapie oder Psychiatrie - dann ist es aber schon ganz auffällig. Aber wenn es so dazwischen steht, nicht ganz so pathologisch, aber auch nicht mehr unbedeutend - wo geht man dann hin? Zum Seelsorger, zum Pastor, zu einem guten Freund?

Fakt ist: Wenn es um deutliche körperliche Probleme geht, ist es für uns alle ganz klar. Dann müssen wir uns Hilfe holen. Aber wenn es um seelische Probleme geht, eine tiefe Enttäuschung, eine seelische Kränkung oder eine Verbitterung, etwas was uns belastet und nicht zur Ruhe kommen lässt, dann holen sich viele Menschen keine adäquate Hilfe. Ich möchte Ihnen Mut machen, professionelle Hilfe in Anspruch zu nehmen.

Wir brauchen die intrapsychische Hilfe genauso, wie wir körperliche Notfallversorgung brauchen. Wir brauchen Unterstützung für unsere Seele, wenn es mal hängt und klemmt.

Der Unterschied zwischen Blechschaden und Totalschaden in der Beziehung

Ich meine nicht, dass jede Person seinen eigenen Psychotherapeuten haben sollte. Wir gehen doch auch nicht bei jedem Wehwehchen gleich ins Krankenhaus! Manchmal reicht ein selbstgeklebtes Pflaster vollkommen aus. Und wenn das einmal nicht reicht und wir eine ersthafte Erkrankung haben, dann brauchen wir eben professionelle Hilfe. So ist das auch mit unserer Seele. Manchmal reicht ein Gespräch mit einem Freund. Und manchmal brauchen wir in bestimmten festgefahrenen und schwierigen Situationen professionelle Unterstützung, um unsere negativen Belastungen irgendwie konstruktiv zu bewältigen.

Die Wahrheit ist, dass wir alle in Beziehungen leben, und zwar völlig unabhängig von unserem Beziehungsstatus. Keiner von uns ist ohne eine Mutter zur Welt gekommen, oder? Und da beginnen bereits erste Beziehungsdramen. Das ganze Leben spielt sich in verschiedensten sozialen Beziehungsgefügen ab. Von der Familie in den Kindergarten, zur Schule und durch das vielseitige Berufsleben, bis hin zum Lebensabend –

es sind die Beziehungen, die das Leben lebenswert und schön, andererseits auch anstrengend und belastend machen - ob wir nun aktuell als Paar oder als Single leben, als Verlobte oder als reife Ehepaare gemeinsam durchs Leben gehen. Jede Paarbeziehung - wie gut oder schlecht es gerade um sie steht, sei mal dahingestellt – schließt auch nicht so angenehme Vorerfahrungen in unseren zwischenmenschlichen Beziehungen ein. Das trifft auf jeden von uns zu. Wir alle haben unsere individuelle, belastende Beziehungserfahrung in unserer Biographie. Nicht immer läuft alles glatt in Beziehungen. Manchmal ist das auf der Arbeitsstelle: Da kommt der Chef und behandelt einen ungerecht, oder die Kollegen ziehen über einen her. Oder es geht schon in der Kindheit los: „Aus dir wird nie was!"... Irgendwelche dummen Sprüche hat jeder schon einmal zu hören bekommen, die man nicht selten in sich hineingefressen hat und die uns vielleicht eine lange Zeit oder gar ein Leben lang begleiten und belasten.

Halten wir mal fest: Irgendwelche negativen Beziehungserfahrungen belasten uns alle. Oft beginnt es schon im Kindesalter und es geht durch alle Lebensabschnitte hindurch. Es scheint so, als sammeln wir solche belastenden Erlebnisse wie Steine in unserem Lebensrucksack. Und wenn ich nachfrage, also zumindest bei mir in den Elterngesprächen, dann können manche Elternteile so richtig detailliert erzählen: „Also, das war an dem und dem Tag, die und die Uhrzeit, der und der hat das und das zu mir gesagt, und seitdem geht es mir so dreckig!"

Wir haben also manchmal so richtig fette Felsbrocken und dann gibt es noch jede Menge kleinere Kieselsteine – um das mal bildlich auszudrücken. Aber wenn wir all diese negativen Erziehungs- und Beziehungserfahrungen, als belastende Symptome mit uns in unserem Lebensrucksack herumtragen – dann haben wir ziemlich schwer zu schleppen und es wird anstrengend. Dann kann es sein, dass wir ganz glücklich und unvoreingenommen geheiratet haben und plötzlich merken beide Partner, dass der andere gar nicht so ohne ist. Jeder Partner hat mehr an sich selbst zu schleppen, als dem anderen Partner lieb ist. Es ist sehr häufig bedeutend mehr an seelischen Verletzungen und Enttäuschungen geschehen, als man sich das je von dem anderen vorgestellt hat. Am Anfang einer Beziehung nimmt man durch die rosarote Brille kaum eine Silhouette eines Kieselsteins wahr. Später durch die jahrelange Eheschule werden unsere Blicke dermaßen geschärft, dass man sich über die dicken Felsbrocken, die man mit- und aneinander bemerkt, schon sehr wundert.

Die Notwendigkeit einer Beziehungsreparatur

Viele Kieselsteine sind nicht mit einem riesigen Felsbrocken vergleichbar. Aber es summiert sich mit jedem kleinen Kieselstein in unserer Lebensgeschichte eins ums andere Mal, und so kommt etwas Gewichtiges im Verlauf zusammen. Irgendwann hat man immer schwerer zu schleppen und die Last wird immer größer, so dass man manchmal verzweifeln möchte. Und dann ist es gut, dass man sich angemessene Hilfe sucht. Am besten wäre es, wenn sich diese Steine in Luft auflösen könnten – irgendwie. Doch meist gehen die Partner in die Luft und die Beziehungssteine bleiben.

Dieser Wunsch nach federleichten Beziehungen ist übrigens etwas, was man in unserer Kultur immer wieder findet. Gerne wird es auch besungen. Hier einmal einen kurzen Ausschnitt von einem bekannten Lied: Leichtes Gepäck von der Gruppe Silbermond:

„Denn eines Tages fällt dir auf
Es ist wenig, was du wirklich brauchst
Also nimmst du den Ballast
Und schmeißt ihn weg
Denn es lebt sich besser
So viel besser
Mit leichtem Gepäck

All der Dreck von gestern
All die Narben

Schmeiß allen Beziehungsballast weg, lass es los, entledige dich von den unnötigen Beziehungsrechnungen - wie auch immer. Das hört sich doch gut und plausibel an, oder? Nur wie geht das Wegwerfen oder Loslassen, wie es in diesem Lied gesungen wird? Das WIE wird nicht so deutlich vermittelt. Die Sehnsucht wird zwar beflügelt, aber der Weg zu einer harmonischen zwischenmenschlichen Beziehung bleibt verschleiert.

Dieses ist jedoch der wichtigste Ansatz und wie ich meine, der Weg für eine ewige Liebe! Wie werden solche Beziehungssteine oder enttäuschenden Erlebnisse „weggemacht"? Wäre doch toll, wenn die so belastenden Beziehungsprobleme mit 99 Luftballons abheben würden. Dann wäre die schwer belastete Paarbeziehung wieder einfach und federleicht!

Warum Paare trotz langer Beziehung mit neuen Beziehungskratzern rechnen müssen

Ich möchte Ihnen ein weiteres Geheimnis offenbaren, welches junge und ältere Paare gleichermaßen betrifft, jedoch mit zunehmenden Ehejahren wird dieses Geheimnis an Relevanz zunehmen. Es ist nicht mit dem Alter der Ehepaare verbunden, sondern es ist mit der zunehmenden gemeinsamen Beziehungserfahrung im Laufe der Zeit verwoben. Man müsste meinen, dass alleine durch die lange gemeinsame Zeit die Beziehung besser werden und weiter reifen müsste. Teilweise ist es aber sogar umgekehrt. Mit der Länge der Beziehung zum selben Partner steigt auch die Gefahr, sich durch die vielfältigen Selbstoffenbarungen sehr angreifbar und verletzlich zu machen. Außerdem nimmt im Verlauf der Beziehung die Achtsamkeit in bestimmten Lebensphasen etwas ab und wir reagieren schneller als sonst genervt und gefrustet. Dann kommen frustgeleitete Aussagen dazu, die dem Partner vor den Kopf geknallt werden und dieser teilweise nicht weiß, wie es um ihn steht. Durch die jahrelange gemeinsame Beziehungsgestaltung wissen wir genau, welche „Knöpfe" wir beim anderen drücken müssen, so dass der andere so richtig in die Luft geht. D.h. die Dinge, die wir gemeinsam erlebt haben und die Vertrautheit, die wir miteinander erarbeitet haben, bergen in sich auch die Gefahr, sich sehr intensiv zu kränken. Und wenn es uns einmal nicht so gut geht und wir eher unsere unerfüllten Bedürfnisse und nicht den Partner im Blick haben, dann kann es durchaus sein, dass wir unseren eigenen Frust an unseren Partner adressieren – und der bekommt dann teilweise ohne Vorankündigung die „kalte Dusche" ab.

Dieses passiert im Laufe der Beziehung jedem Ehepaar. Auch die Dauer der Beziehung schützt uns nicht vor solchen gegenseitigen Kränkungen. Selbst wir als Ehepaar können ganz deutlich sagen: Wir lieben uns und trotzdem passiert es, dass wir einander enttäuschen und einander seelisch wehtun. Das ist eben das Tragische! Es ist ja nicht unbedingt etwas, was man beabsichtigt, sondern oft unbeabsichtigt und impulsiv-unvorbereitet aus einem herausbricht. Und dann hat die Beziehung schon einen Knacks bekommen und ein weiterer Stein landet im Lebensrucksack, der an Gewicht kontinuierlich zunimmt.

Schauen wir uns einmal eine andere Perspektive aus der Scheidungsstatistik an (statista: „Verteilung der Ehescheidungen nach Ehejahren in Deutschland im Jahr 2018", unter https://t1p.de/on8d (abgerufen am 23.01.2020)): Man könnte meinen, dass, wenn man das verflixte 7. Jahr als Ehepaar überstanden hat, es nicht mehr so schlimm kommen könne. Wenn man die Scheidungsstatistik genauer betrachtet, verwundert es schon, dass die Scheidungszahl mit zunehmender Beziehungslänge nicht zurückgeht, sondern wieder ansteigt. Nach der Silbernen Hochzeit (25 Ehejahre) steigen die Scheidungen sogar wieder deutlich an. Das bedeutet also, dass die Ehe nicht mit zunehmender Länge immer automatisch besser wird. Es kann auch sein, dass mit zunehmenden Ehejahren die Ehe dermaßen anstrengend wird, dass Ehepartner aus der Ehebeziehung aussteigen wollen. Kann es sein, dass die Ehepartner über die Jahre immer mehr in der Beziehung zu schleppen haben und nun an die Grenze ihrer Belastbarkeit kommen? Kann es sein, dass durch den kontinuierlichen Anstieg von kleinen und größeren Kränkungen die Ehe so beschwert wird, dass beide einfach nicht mehr miteinander klarkommen - und mit dem, was sie in und an der Beziehung mitschleppen?

Was hinter den Kränkungen in der Paarbeziehung steht

Ich möchte Sie kurz mit hineinnehmen in ein Erklärungsmodell, das diese Paardynamik verdeutlicht. Zusammengefasst könnte man sagen: **Beziehungskränkungen sind seelische Verletzungen des intimsten Bindungsbedürfnisses der Menschen**. D.h. jeder Mensch wünscht sich zutiefst angenommen zu sein, eine intensive Vertrautheit mit dem Partner, einfach aufgehoben zu sein und zu wissen, da habe ich einen festen Anker. Das ist ein ganz tiefes emotionales Bedürfnis, das alle Menschen auf der ganzen Welt miteinander teilen.

Was passiert, wenn es aber zu Kränkung und Enttäuschung dieses tiefsten Bedürfnisses kommt und die Vertrautheit erschüttert und verletzt wird? Auf jeden Fall nehmen die Partner wahr, dass ihre Bindung zum Ehepartner in Gefahr ist und das ist erstmal schmerzhaft. Daher kommt der emotionale Schmerz. Wir empfinden eine Kränkung umso schmerzhafter, je näher und vertrauter uns eine Person steht. Und das ist bei einem Ehepartner definitiv gegeben. Jemand, der uns so nahe steht wie keiner sonst auf dieser Welt, fügt uns einen tiefen seelischen Schmerz zu. Was uns verletzt und kränkt - das schmerzt! Dieser Schmerz ist das primäre Empfinden. Erst als Zweites denken wir über unsere Beziehung ggf. wie folgt: „Scheinbar ist meine fest und unerschütterlich geglaubte Beziehung in Gefahr, weil mich mein/e Traumpartner/in so tief verletzt. Also muss ich jetzt reagieren und etwas tun!"

Und jetzt kommt ein sekundäres Gefühl ins Spiel. Entweder entwickelt sich bei dem einen Wut oder bei dem anderen Angst. Die Frau beispielsweise explodiert vor Wut und meint, sie müsse für die Beziehung kämpfen und will nun dringend ein klärendes Gespräch. Und was denkt der Mann? Wo ist ein Ausweg? Wie kann ich vor dem anstehenden Gespräch flüchten? Welchem Hobby kann ich noch nachgehen? Er sucht aus lauter Angst das Weite! Er flüchtet gekonnt vor dem Gespräch! Beide merken, irgendwas stimmt in der Beziehung nicht. Aber die Frau versucht proaktiv das Problem aufzugreifen, und der Mann hat Angst und versucht zu flüchten! Letztendlich reagieren beide auf ihre eigene Art und Weise, weil der Beziehungsschmerz ihnen bewusst macht, dass die Beziehung in Gefahr ist. Beide stimmen darüber überein: „Da stimmt etwas nicht" - aber sie gehen verschieden mit dem Beziehungsschmerz um!

Verschiedene Konfliktbewältigungsversuche bei Ehepaaren

Der eine versucht die Beziehungsproblematik direkt anzupacken und der andere hofft, dass die Zeit einfach verstreicht und unsichtbar macht, was ihm so peinlich ist. Jeder geht anders mit der Beziehungskränkung um. Leider hilft es nicht, dass wir mit den Kränkungen irgendwie umgehen. Denn wenn wir kämpfen, dann fangen wir an, in eine Rechtfertigungsspirale zu kommen. Einer versucht dem anderen die Schuld oder einfach ein wenig mehr Schuld zuzuweisen. Wenn es um Flucht und Rückzug geht, gehen die Paare immer mehr in Distanz zueinander und entfremden sich voneinander. Und wenn diese Verhaltensmuster eine längere Zeit umgesetzt werden, dann kommt die Beziehung zum Erstarren. Dann fühlt sich die Beziehung kalt und leer an. Aussagen wie „Er hatte ein Herz aus Stein" lassen auch den letzten Liebesfunken erlöschen.

Und irgendwann ist man total frustriert und sagt sich: „Wir können ja sowieso nichts tun" und dann ist einem der Andere auf einmal egal. „Jetzt mach ich, was ich will". Es kommt die Situation, wo jeder sich für seine eigenen Bedürfnisse einsetzt und dafür kämpft. Manche Paare geben dann innerlich auf, andere halten vielleicht nur aus Verpflichtung der Kinder wegen die Beziehung aufrecht. Dieses Verhaltensmuster geschieht sehr häufig, wenn die Frustration so tief bei beiden sitzt, weil alle Lösungsversuche bisher gescheitert sind. Eigentlich wollte jeder ja an dem Beziehungsproblem arbeiten, aber eben auf verschiedene Weise. Und wenn sich in nächster Zukunft kein Hoffnungssignal ergibt, führt es immer mehr zu verhärteten Fronten und letztendlich vielleicht sogar zur Rache aneinander. Einst Liebende werden dann zu Racheengeln! Und irgendwie kann man nicht heraus aus der Konfliktspirale. Das, was ich Ihnen in diesem Buch vorstellen möchte, ist, wie die Rache und Vergeltung, die letztendlich zur Trennung und zum Tod einer Beziehung führt, vermieden werden kann und es stattdessen zur Vergebung kommt, um die Liebe zu retten.

> *Säuselt eine Kerze romantisch zur anderen Kerze: „Wollen wir heute Abend gemeinsam ausgehen?" – Jetzt ist es zappenduster und die Liebesbeziehung ist aus und vorbei!*

Die Rettung der Beziehung durch echtes Vergeben

Vergebung ist der einzige Weg, wie man seelische Verletzung zum großen Teil zumindest so auflösen kann, dass sie die weitere Beziehung nicht mehr negativ belastet. Ich glaube, dass das der Weg zur ewigen Liebe ist! Wir müssen lernen, einander zu verzeihen, damit wir es überhaupt miteinander dauerhaft aushalten können. (Manche müssen sich gegenseitig verzeihen, dass sie einander geheiratet haben! ;) Das Wichtigste ist, dass nicht die Schuld bei dem Partner gesucht wird, sondern dass jeder Partner bei sich selbst anfängt. Also nicht „Du bist schuld", sondern dass jeder die Verantwortung bei sich selber sieht und sich hinterfragt: „Was ist mein Anteil am Konflikt, den wir aktuell haben?" Hier kommt es auf die angemessene Konfliktbewältigungskompetenz des Paares an.

Am häufigsten wird rückblickend als Trennungsgrund die fehlende Kommunikation zwischen Paaren angegeben. Der Grund, warum man sich getrennt hat und was dahinter steckt, ist aber nicht, dass die Personen nicht mehr reden oder gar nicht mehr miteinander reden können. Sie können schon reden, und meistens reden sie in solchen Ausnahmesituationen sehr, sehr laut und nicht wertschätzend.

> Häufig eskaliert die Kommunikation in folgende Richtung: *Am Anfang der Beziehung redet der Mann und die Frau hört zu. Im Verlauf der Beziehung redet die Frau immer mehr und der Mann hört zu. Wenn es eskaliert, reden beide und die Nachbarn hören zu!*

Wie schon gesagt: Das Problem ist nicht, dass sie nicht kommunizieren können, sondern dass das Paar diese Intimität und Vertrautheit, die sie vorher gehabt haben, nun verloren haben. Sie finden nicht mehr zueinander und das Bindungsgefühl, das einst da war, ist auf einmal zerstört. Und nun redet man sich um Kopf und Kragen, bekommt jedoch kaum etwas geklärt und gibt frustriert die Schuld dem Partner oder gibt vielleicht innerlich die Beziehung auf. Da muss es nicht gleich um Fremdgehen oder Untreue in der Sexualität gehen. Häufig sind es ganz banale und viele Alltagskleinigkeiten, in denen sich die Eheleute plötzlich nicht verstehen. Es folgen dann Erklärungen wie: „Wir verstehen uns nicht mehr so richtig! Wir haben uns auseinandergelebt! Der kann mich nicht mehr oder sie kann mich nicht mehr so verstehen!" Diese Aussagen haben alle etwas mit unserem Bindungsbedürfnis zu tun, das durch Kränkungen enttäuscht und erschüttert ist.

Eine Intimitätsübung für Paare

Ich will an dieser Stelle kurz den Lesefluss unterbrechen und Sie für eine Intimitätsübung einladen. Es soll ihre Vertrautheitserfahrung als Paar stärken. Es geht folgendermaßen: Die Frau steht vorne und der Mann dahinter. Die Aufgabe des Mannes ist, seine Hände hinten (unter der Schulter) auf die Schulterblätter seiner Partnerin zu legen. Und dann soll der Mann versuchen herauszuspüren, in welcher Frequenz seine Partnerin atmet. Er soll diese Atem-Frequenz übernehmen, also mit seiner Partnerin synchronisiert atmen. Während sich der Mann auf die Atemfrequenz der Frau einstellt, ohne groß zu schnaufen oder zu prusten, muss die Frau erspüren (und nicht hören), wann ihr Partner in Synchronisation zu ihrem eigenen Atem atmet. Wenn der Mann die Hände auf den Rücken seiner Frau legt, atmet die Frau ganz normal weiter bis sie spürt, dass der Mann anfängt in der gleichen Geschwindigkeit/Frequenz, in der gleichen Art und Weise ein- und auszuatmen. Nun soll die Frau sich dessen gewahr werden, woran sie das festgestellt hat, dass der Mann sich mit ihrer Atemfrequenz synchronisiert hat. Sie soll die Veränderung als emotionales Empfinden beschreiben. Das ist eine sehr spannende Methode in der Paartherapie. Funktioniert wunderbar, wenn beide sich emphatisch auf diese spannende Übung einlassen. Machen Sie diese Intimitätsübung JETZT, bevor Sie die Auflösung weiterlesen!

Die Auflösung der Intimitätsübung für Paare

Haben Sie die Intimitätsübung absolviert? Sehr gut! Nun kommt der spannende Teil zur Übung: Die Erklärungen der Frau! Frauen berichten häufig, wenn ich frage, was sich verändert habe und wie sie das empfunden haben, mit folgenden Worten: „Mir ist irgendwie warm geworden. Irgendwie habe ich mich aufgehobener gefühlt. Irgendwie war das besser. Ich kann das gar nicht so in Worten beschreiben, was da passiert ist." Und dann folgen ganz viele weitere romantische Vorstellungen. Die eigentliche Erklärung ist: Oxytocin! Oxytocin ist ein Hormon, das im Körper produziert wird, immer wenn wir eine positive Bindungserfahrung machen.

Die Wahrheit ist nicht romantisch, aber ganz wichtig. Wenn das Oxytocin nicht da ist, geschieht eben keine Vertrautheit, keine Intimität, keine Verbindung. Auch ein Säugling, der geboren wird, bekommt ganz viel von diesem Hormon ausgeschüttet und findet somit den Bezug zu seinen Eltern. Eine Bindung wird aufgebaut und so sagt das Kind später zu dieser Person „Mama". Das Kind entwickelt ein Vertrautsein - und wir machen als Paare solche ähnlich positiven Bindungserfahrungen unter Oxytocinausschüttung. Wenn wir uns als Paar an den Händen nehmen oder sanft über das Gesicht streicheln, verändert sich etwas und wir verändern uns in unserer inneren Haltung. Es entwickelt sich eine Ruhe und eine Vertrautheit. Paare werden dann offener zueinander und verfallen weniger in eine Verteidigungshaltung. Das liegt an der Wirkung dieses Hormons. Und wir als Paare brauchen die Hormonausschüttung immer wieder, damit unsere Beziehung sich stabilisiert. Es geht um natürliche Begegnungen in der Paarbeziehung, wo man dieses Vertrauen, diese Intimität zueinander aufbaut und erlebt. In zarter Berührung und angenehmem Körperkontakt liegt das grundlegende Geheimnis der Konfliktbewältigungsstrategie in der Paarbeziehung, das teilweise Paarberater noch nicht kennen.

Was das gegenseitige Vertrauen in der Beziehung wachsen lässt

Natürlich gehört mehr zu einer Beziehung als nur Streicheleinheiten. Aufmerksamkeit für Alltägliches hilft gegen einsetzende Gleichgültigkeit, mit der alle Ehepaare im Laufe der Jahre zu kämpfen haben, außerdem eine gewisse Toleranz des Andersseins oder Andersdenkens. Es zeugt von gegenseitigem Respekt, wenn der Ehepartner nicht verändert und manipuliert wird, sondern als Individuum akzeptiert wird, so wie er ist. Diese gegenseitige Annahme ist Brutto, mit allen Fehlern und Unzulänglichkeiten und nicht Netto mit dem, was jeder an dem anderen Partner schätzt. Achtsamkeit im Hier und Jetzt üben, erhöht die wache Präsenz. Dazu braucht jeder eine eigene Auszeit, um zur inneren Ruhe zu kommen, sowohl körperlich als auch emotional. Ausgiebige Spaziergänge in der Natur wirken hier besonders gut, um wieder ganz bei sich selbst anzukommen und nicht als Getriebener durch das Leben zu hasten. Gegenseitiges Aussprechen von Anerkennung für das, was in der Paarbeziehung und Familie geleistet wird und für das, was der Ehepartner für einen Partner ohne jegliche Tat ist und bedeutet. Diese Wertschätzung ehrlich und konkret auf individuelle Art und Weise dem Partner mitzuteilen, lässt ihn aufblühen und das gegenseitige Vertrauen wird so wachsen und zu mehr intimer Liebe führen.

Was die Liebe in der Ehe entwertet

Häufig beginnt der Abstieg, indem man den Partner einfach nicht mehr so bewusst beachtet, weil man durch viele andere „wichtige Dinge" abgelenkt ist. Dadurch schleicht sich ein Gefühl der Gleichgültigkeit in die Partnerschaft ein und breitet sich konstant aus. Gewöhnlich reagiert dann ein Partner mit zunehmendem Nörgeln und Demonstration der Unzufriedenheit, ohne etwas Konkretes zu benennen und mit dem Partner konstruktiv darüber zu sprechen. Dann nehmen die Kränkungen zu und der Umgangston wird merklich rauer. Von gegenseitigem Kritisieren kommen zunehmend entwertende Aussagen bis zu ausgesprochener gegenseitiger Verachtung, die sich häufig bei intelligenten Paaren hinter einem Sarkasmus und Zynismus verstecken. Schlussendlich spricht man gar nicht mehr miteinander und schweigt den Ehepartner selbst bei konkreten Fragen an und verhält sich so, als sei der Partner einfach nicht anwesend – es kommt keine Resonanz. Die Intimitätsübung oben lässt in der Regel Rückschlüsse auf die Beziehungsqualität des Paares zu. Ein Paar, das sich aufeinander einlassen kann, empfindet Positives durch die Übung. Ein Paar, das innerlich frustriert auf Distanz lebt, empfindet nichts in der

Intimitätsübung. Bevor Sie aber zu schnelle Schlüsse aufgrund der Intimitätsübung ziehen, folgt ein anderes pragmatisches Tool, mit dem Sie Ihre Paarbeziehung zusätzlich überprüfen können.

Die vier Arten, wie Ehebeziehungen gelebt werden

Jede Beziehung kann auf ihre Qualität und Quantität überprüft werden. Die Qualität beschreibt die Zufriedenheit in der Beziehung. Die Quantität beschreibt die Stabilität der Beziehung. Alle Paare können anhand dieser zwei Achsen eingeteilt werden. Mit der Frage: Wie zufrieden, wie vertraut fühle ich mich in meiner Paarbeziehung? UND wie stabil schätze ich meine Paarbeziehung aktuell ein? Machen Sie eine erneute Lesepause und setzen Sie in diesem Koordinatensystem den Punkt für Ihre aktuelle Paarbeziehung ein. Haben Sie den Punkt auf der Zufriedenheits- und Stabilitätsachse gefunden? Merken Sie sich nun diesen Punkt. Die Familiensoziologischen Studien (vgl. Hill & Kopp 2013) bewerten die Ehebeziehung nach diesem Cluster. Ich werde nun die vier Arten der Paarbeziehung nacheinander vorstellen und Sie können mit Ihrem gemerkten Punkt überprüfen, zu welchen Paaren Sie aktuell gehören.

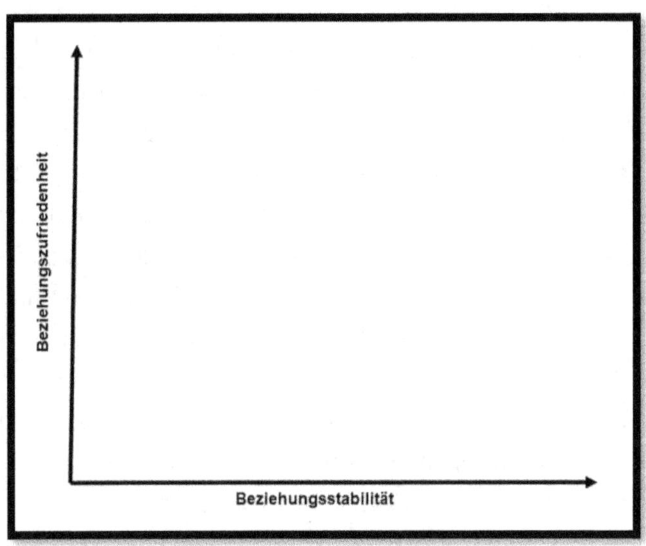

Abb.: Zufriedenheit und Stabilität als Paar

Die Liebesbeziehung lebt von dem Füreinander

Die Liebesbeziehung oder Agape-Beziehung zeichnet sich durch eine hohe Paarzufriedenheit und eine hohe Beziehungsstabilität aus. Der griechische Begriff für die Liebe „Agape" beschreibt einen Liebesstil, der sich dadurch auszeichnet, dass die Paare füreinander da sein wollen, um sich gegenseitig glücklich zu machen. Es geht nicht primär um die eigenen Bedürfnisse, sondern um die Bedürfnisse des Partners. Und wenn der Ehepartner glücklich ist, weil er von seinem Partner seine Bedürfnisse erfüllt bekommen hat, schenkt er aus tiefstem Herzen dem anderen Ehepartner etwas zurück, das dem anderen wiederum seine Bedürfnisse erfüllt und so sind beide ziemlich gleich glücklich. Diese altruistische und auf den anderen bezogene Agape ist auch von Gott im Hohelied der Liebe in 1.Korinther 13 beschrieben. Dieser altruistische, auf den anderen bedachte und an den anderen verschenkende Liebesstil, zeichnet sich durch die höchste Zufriedenheit und Stabilität/Bindung in der Paarbeziehung aus. In Konfliktsituationen zeigt sich der Liebesstil, indem ein Partner für die Bedürfnisse des anderen „kämpft" und nicht für die eigenen Bedürfnisse. Bei dieser Konfliktlösung bleiben immer beide Partner glücklich.

Die Equity-Beziehung lebt von dem Miteinander

Die Equity-Beziehung zeichnet das Miteinander aus. Diese Partnerschaftsbeziehungen auf gleicher Augenhöhe sind insgesamt stabil und zufrieden. Der Liebesstil zeichnet sich durch gemeinsame Interessen und freundschaftliche Befriedigung dieser aus. Die Paare leben glücklich miteinander, weil sie jeweils das bekommen, was sie von der partnerschaftlichen Beziehung erwarten. In Konfliktsituationen zeigt sich der Liebesstil, indem beide Partner für ihre eigenen Bedürfnisse einstehen und sie partnerschaftlich einfordern. Dies gelingt ihnen in der Regel gut und beide sind normalerweise zufrieden.

Nebeneinander leben in der Kreditbeziehung

Die Kreditbeziehung ist ein rationales Nehmen und Geben. „Ich investiere etwas in die Beziehung und du investierst ebenfalls etwas in die Beziehung". Solange das Ergebnis noch akzeptabel ist und keine besseren „Angebote" erhältlich sind, verbleibt man in der Paarbeziehung. In der Regel hoffen beide Partner, dass sich die Investitionen in die Beziehung auszahlen oder zumindest irgendwann ausgleichen. In Konfliktsituationen zeigt sich der Liebesstil, indem die Partner ihre Investitionen in die Beziehung gegeneinander aufrechnen und derjenige, der im „Minus" ist, so die Erwartung, fügt sich dem Wunsch des Anderen, damit der Ausgleich wieder annähernd hergestellt wird. Häufig geht es dann schon ziemlich erbsenzählerisch in der Beziehung zu und im Grunde sind beide nicht sehr zufrieden, aber noch gibt es etwas, was sie zusammenhält und aneinander bindet.

Gegeneinander in der Egobeziehung

Jetzt verschlechtert sich die Beziehungsqualität deutlich. In der Egobeziehung will jeder auf Kosten des anderen seine Beziehung leben. Das gelingt jedoch nicht auf Dauer und wird zu chronischen Konflikten führen, da niemand gerne nachgeben will und es immer wieder zu einem Machtkampf kommt. Nach dem Motto: „Ich brauche jemanden, der meine Sachen für mich wäscht". So könnte es möglicherweise immer wieder dieselben Konflikte geben, wenn der Mann seine dreckigen Kleidungsstücke einfach in die Ecke auf den Boden wirft und von seiner Frau erwartet, dass die Sachen pünktlich gereinigt, feinsäuberlich im Schrank gestapelt auf den Herrn Gemahl warten, wenn er sie benötigt. Diese selbstbezogene Beziehung hat eine sehr geringe Zufriedenheit und Stabilität. Konflikte sind an der Tagesordnung und irgendwann hat man selbst das Streiten satt und es folgt der Exitus der Beziehung.

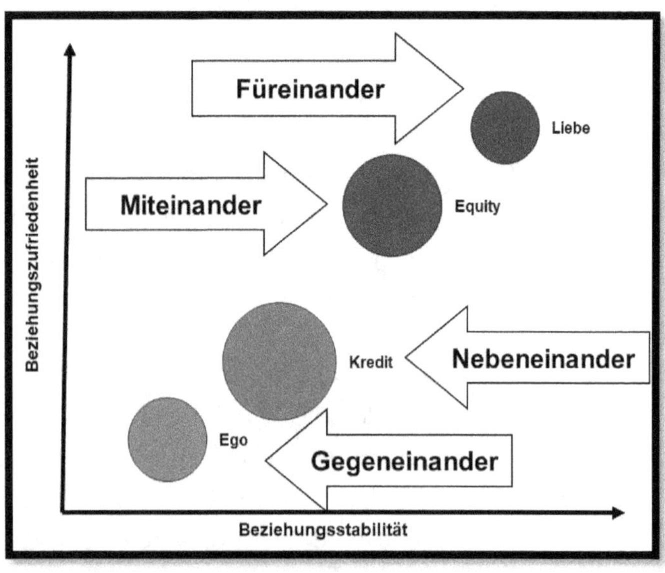

Abb.: Vier Arten der Paarbeziehung

Jetzt wissen Sie ungefähr, wo Sie als Paar in der Qualität und Stabilität stehen. Ist die Paarbeziehung vom Füreinander, Miteinander, Nebeneinander oder Gegeneinander geprägt? Die beiden ersten Beziehungstypen (Füreinander und Miteinander) sind im oberen rechten Quadranten zu finden. Dagegen sind die beiden weiteren Beziehungstypen (Nebeneinander und Gegeneinander) im unteren linken Quadranten zu finden. Wenn Sie sich als Paar im oder in der Nähe des oberen rechten Quadranten befinden, ist es um Ihre Ehe aktuell gut bestellt und Sie können noch ein paar Tipps zum Beziehungstuning mitnehmen. Wenn Sie sich als Paar eher im oder in der Nähe des unteren linken Quadranten befinden, dann sollten Sie dringend professionelle Hilfe für Ihre Paarbeziehung suchen.

Für alle Paare, die sich so in der Mitte herum befinden, gibt es wahrscheinlich aktuelle Herausforderungen und Kränkungen, die sie als Paar gemeinsam lösen müssen. Diese Paare profitierten am meisten von diesem Buch und den weiteren Ausführungen. Es geht darum, wie das Miteinander in der Ehe noch ein bisschen besser werden kann und wie Paare besser mit Enttäuschungen umgehen können. Wir brauchen in unserer Paarbeziehung dringend eine Konfliktlösekompetenz, um weiterhin zufrieden und dauerhaft glücklich zusammenzuleben. Alle glücklichen und zufriedenen Paare haben erfolgreich gelernt, sich zu arrangieren und mit gegenseitiger Enttäuschung besser umzugehen. Das macht die Beziehung stabil und auf Dauer belastbar, auch gegen äußere Schicksalsschläge. Wollen Sie Ihre Beziehungsqualität und Beziehungsstabilität weiter verbessern? Dann lesen Sie weiter, wie Sie lernen können, mit Kränkungen in der Beziehung konstruktiv umzugehen.

Wie entstehen seelische Verletzungen in der Ehe?

Haben Sie schon einmal nachgedacht, wie seelische Verletzungen entstehen? Verletzungen entstehen erstens, **wenn etwas geschieht, was wir nicht gewollt haben** - also etwas völlig Unbeabsichtigtes. Ich wollte beispielsweise nicht zu spät zum Abendessen von der Arbeit kommen, aber… Das Essen stand schon lange auf dem Tisch und ich hab gesagt, ich werde pünktlich sein - und ich hab's dann doch nicht geschafft. Es erwartet mich ein langes Gesicht und die Enttäuschung ist groß. So entstehen einerseits Verletzung und Enttäuschung.

Es gibt aber auch eine andere Seite, wie seelische Verletzungen entstehen. **Etwas, was wir unbedingt wollen, geschieht nicht und bleibt aus**. Der 8. März ist der Internationale Frauentag, und manche Frauen sind gewohnt, dass sie kleine Geschenke erhalten oder zumindest einen Blumenstrauß. Auf jeden Fall beim Hochzeitstag würde jede Frau eine Aufmerksamkeit erwarten, oder? Ich schreibe deshalb von den Frauen, weil ich beide Fehler schon begangen habe und somit meine Frau, die ich wirklich liebe, gekränkt habe. Manchmal kommt sogar noch eine erwartungsvolle Bemerkung, bis die Ehefrau sich sicher ist: „Der hat es wieder mal vergessen!" Und etwas, worauf sehnsüchtig gewartet wird, ist nicht eingetreten und man ist tief verletzt und massiv enttäuscht. Es gibt viele solcher Situationen, die in der Beziehung missglücken. Und häufig sind es nicht die großen Dinge, sondern die Kleinigkeiten, die den Enttäuschungsrucksack füllen. Deswegen ist es so wichtig, wie wir als Paar mit unserer Verletzungserfahrung umgehen.

Nicht alle Kränkungen sind gleich schwer in einer Partnerschaft

Es gibt leichte Kränkungen, die wir in der Regel gut bewältigen können und andererseits Lebensbereiche, in denen wir schneller mit intensiveren Kränkungen reagieren, wie z.B. im beruflichen oder familiären/partnerschaftlichen Kontext. Dann gibt es hochsensible Bereiche, die uns äußerst wichtig sind und auf die wir mit massiver Kränkung reagieren. Wenn für jemanden z.B. die Ehe heilig und die Familie das Wichtigste ist, dann aber der Ehepartner die Scheidung einreicht, so trifft das den sensibelsten Punkt, quasi die Achillesferse der Person. Die massiv seelisch verletzte Person befindet sich in einem Ausnahmezustand bei der Anpassungsreaktion und braucht dann häufig in dieser akuten Anpassungsphase professionelle Hilfe.

Massiv enttäuschende und kränkende Erfahrungen mit empfundenem Unrecht lösen Dauerstress in uns aus. Dazu kommt die aufdrängende und immer wiederkehrende Erinnerung mit massiver emotionaler Aufregung und Anspannung. Dies führt zunehmend zur gedrückten Stimmung, innerer Unruhe, Antriebshemmung, Interessensverlust, Früherwachen und man kann immer weniger Freude und Lust empfinden. Das vorherrschende Gefühl ist dann Verbitterung neben Beleidigtsein, Kränkung, Frust, Wut, Ärger, Zorn, Groll, Hass, Verzweiflung, Hilfslosigkeit, Hoffnungslosigkeit und Aggression als Phantasie bis hin zur billigenden Selbstzerstörung, um dem anderen zu schaden. Diesen Zustand gibt es sowohl als eine vorübergehende Phase der Verbitterung, als auch chronisch (vgl. Engelbrecht, S. & Linden, M. 2019).

Wenn Kränkungen die Zukunft als Paar negativ beeinflussen

Gut ist es, wenn eine Verletzung eine Erfahrung ist, die irgendwie bewältigt wurde - eine seelische Kränkung, die in der Vergangenheit geschehen ist und die soweit verarbeitet ist, dass sie abgeschlossen ist und dann nichts mehr nachkommt. Blöd nur ist, dass viele solche Verletzungen in der Vergangenheit die Gegenwart im

Hier und Jetzt durchbrechen sowie die Zukunft ganz negativ verzerren. Dann kommen solche Aussagen hervor: „Du hast schon damals das vergessen und diesmal hast du es wieder vergessen. Nie denkst du an mich!" Merken wir etwas? Die Verletzung aus der Vergangenheit wird wieder hervorgeholt und in der Gegenwart vorgehalten. Außerdem folgt eine negative Prophetie für die Zukunft! Dadurch ist die Zukunft schon ziemlich dunkel gezeichnet, oder? Und genau das ist das Problem von seelischen Verletzungen und Kränkungen, die nicht bearbeitet wurden. Unabhängig davon, ob sie ein Riesenbrocken sind oder ein kleiner Kieselstein. Unaufgearbeitet beeinflussen sie unser aktuelles Verhalten und sogar unsere Zukunft negativ! Deswegen ist es für junge wie für ältere Ehepaare enorm wichtig, wie sie mit Kränkungen und Enttäuschungen in der Beziehung umgehen. Paare können nicht über solche seelischen Verletzungen hinwegsehen und hoffen, dass die Zeit alle Wunden heilt. Sie müssen, wenn sie dauerhaft glücklich zusammenleben wollen, diese Verletzungen solide behandeln, damit diese Wunden bestenfalls gänzlich verheilen.

Die Opfer-Täter-Beziehung in der Ehe

Wichtig ist dabei, dass jeder seine Verantwortung in der Ehebeziehung wahrnehmen möchte. Der Täter fühlt sich in der Regel bedroht. Das Opfer fühlt sich in der Regel schwach und unterworfen. Aber beide müssen etwas verändern! Der eine Partner, indem er als verzeihungsbedürftiger Bittsteller zum anderen Ehepartner kommt und sagt: „Es tut mir herzlich und aufrichtig leid!" Und der andere Partner, der jetzt nicht verharmlost, sondern zugeben kann, dass er gekränkt ist. Diese aufrichtige Ehrlichkeit bewahrt vor dem Teufelskreis der Manipulationen, die häufig in Liebesentzug oder anderen Racheverhalten münden. Es ist von besonderer Wichtigkeit, dass beide Partner füreinander Empathie und Wohlwollen entgegenbringen. Es ist die Verantwortung von beiden Ehepartnern, dass ein Vergebungsprozess überhaupt erst beginnen kann. Wer sich in seinem Frust festbeißt, wird in der Beziehung nur noch verbissener reagieren.

Wenn ich die erste Ehevorbereitungsstunde mit einem Pärchen habe, dann mache ich fast immer einen kleinen Test. Ich zeichne eine Brücke und erkläre, dass diese Brücke die Beziehung zueinander darstellen soll. Dann frage ich zuerst den Mann: „Zeichnen Sie mir mal, wie weit würden Sie in Ihrer Beziehung Ihre persönliche Verantwortungszuständigkeit sehen?" Dann zeichnet der Mann meist von seinem Pfeiler einen Strich, deutlich über die Hälfte der Strecke bis teilweise knapp vor den anderen Brückenpfeiler, der für die Partnerin steht. Die Frauen sind meist etwas sozialer und beantworten die Frage meist mit einem etwas längeren Strich bis maximal zum anderen Brückenende. Dann sage ich oft: „ Okay, wenn das so ist, dann traue ich Sie beide nicht!" Dann ist das verliebte Paar ganz entsetzt und schaut mich verwundert an. Ich erkläre den beiden dann ausführlich, dass mir das zukünftige Eheglück sehr am Herzen liegt und ich daher nur Paare traue, die bereit sind, zu 100% alles zu geben und zu 100% die Verantwortung für ihr Handeln zu übernehmen. Und wenn es kein Umdenken in dieser Richtung gibt, ich das Paar nicht trauen würde, weil solche Beziehungen nicht dauerhaft halten! In der Ehe wird es garantiert einmal Situationen geben, wo etwas schieflaufen wird. Und wenn dann nicht jeder zu 100% bereit ist seine Verantwortung zu übernehmen, dann werden die Paare zunehmend darüber streiten, wer denn nun mehr Schuld habe. Auch wenn es im Promille-Bereich liegt, versuchen wir meistens die Schuld beim anderen zu verorten. Jedoch müssen wir zwingend bei uns selbst anfangen, und zwar zu 100%, um uns nicht nur gegenseitig zu verzeihen, sondern uns auch wieder versöhnen zu können. „Wenn Sie nicht bereit sind, 100% für Ihre Beziehung einzustehen, dann müssen Sie sich einen anderen Pastor für die Trauung suchen!" so mein ernstes Wort. - Mir ist noch kein Paar davongelaufen! Haben Sie als Leser gerade über das junge Paar innerlich geschmunzelt? Wie sieht jedoch Ihre Entscheidung aus? Sind Sie bereit, 100% Verantwortung in Ihrer Beziehung für Ihren Anteil zu übernehmen?

Die gesundheitlichen Auswirkungen beim Verzeihen und Vergeben

Anhand verschiedener empirischer Forgiveness-Studien (vgl. Worthington, E. & Wade, N. 2019) stelle ich nun einige wissenschaftliche Ergebnisse vor, die aufzeigen, was passiert, wenn Menschen nicht bereit sind, einander zu verzeihen. Und da gibt es sehr viele gesundheitliche Auswirkungen. Am häufigsten berichten Menschen, die nicht verzeihen, von Herz-Kreislauf-Erkrankung und Bluthochdruck. Die Wahrscheinlichkeit, an Krebs zu erkranken, ist deutlich erhöht. Muskelverspannungen vor allem im Bereich der Schultern und des Nackens sind sehr häufig. Kein Wunder, wenn man im Laufe des Lebens so viel mitzuschleppen hat. Auch der Bereich der Immunreaktion verändert sich ungünstig. Man ist nicht mehr so belastbar, ermüdet viel schneller und ist viel anfälliger für Infekte. Die Wissenschaft hat also bewiesen, dass es Menschen viel schlechter geht, wenn sie anderen Menschen nicht verzeihen und nachtragend sind.

Menschen, die bereit sind zu verzeihen, haben demnach viel weniger Gesundheitsprobleme und deutlich weniger Stresssymptome (Cortisol). Und gestresst sind wir ja heute alle, nicht wahr? Andere können leichter abnehmen, wenn sie verzeihen. Bei wiederum anderen Menschen gehen chronische Rückenschmerzen und Depression zurück. Viele retten ihre sozialen Beziehungen und insbesondere ihre eigene Ehebeziehung durch das Verzeihen. Alle empirischen Daten zeigen somit auf, dass Paare nur profitieren können, wenn sie gelernt haben, einander zu verzeihen. Das sind eindeutige Ergebnisse der empirischen Studienlage weltweit.

In einer neueren Metaanalyse des amerikanisch-asiatischen Forscherteams um Yu-Rim Lee und Robert Enright wurden 128 Forgiveness-Studien mit mehr als 58 000 Probanden genauestens auf ihre Aussagekraft hin untersucht. Sie stellten fest, dass sich die Vergebung auf alle Personen, unabhängig von Alter, Herkunft, Geschlecht, Beruf, Ausbildung oder anderen demografischen Eigenschaften positiv auswirkte. Grundsätzlich gilt also weltweit, dass Menschen, die vergeben und verzeihen, generell gesünder leben (vgl. Yu-Rim Lee & Robert D. Enright 2019).

Manche Menschen wollen nicht verzeihen

Trotzdem wundere ich mich manchmal über gewisse Menschen. Obwohl es ganz klar auf der Hand liegt, dass es viel besser und gesünder wäre, einem anderen Menschen zu verzeihen, treffe ich immer wieder Personen, die ausdrücklich nicht verzeihen wollen. Solche Personen gibt es selbst unter den Frommen. Sie behaupten dann allen Ernstes „Das kann ich dir nicht verzeihen" Oder „Das werde ich dir nie vergeben!" Dies ist eine absolute Verweigerung der Vergebungsbereitschaft. Trotzdem klagen diese Menschen über die Last der Kränkungen und gesundheitliche Probleme, die sie mit sich herumtragen. „Alle seien ungerecht zu der Person und immer hätten die anderen an allem Schuld". Und wieder wundere ich, dass manche sogar mit einem gewissen Stolz darüber klagen, als wenn sie dafür den Friedensnobelpreis bekommen müssten. Einerseits beklagen sie sich und anderseits wollen sie scheinbar die Belastung nicht loswerden.

Ich erkläre solchen Menschen meinen primitiven, aber sehr eindrücklichen Kartoffelsack-Test. Ich erkläre ihnen also, dass wir bis zum nächsten Gespräch einen Test machen. „Bis zum nächsten Treffen müssen Sie eine Aufgabe absolvieren! Sie kaufen sich einen großen Kartoffelsack und nehmen den mit. Den schleppen Sie dann 24 Std. jeden Tag mit sich rum, und zwar immer! Mit ins Bett, unter die Dusche, zur Arbeit und lassen den Kartoffelsack auf keinen Fall aus den Händen! Und dann treffen wir uns bei der nächsten Sitzung wieder und besprechen das." Können Sie sich vorstellen, wie die Personen darauf reagieren? Sie tippen sich an die Stirn und schütteln den Kopf. Manche schimpfen: „Sind Sie verrückt!" Daraufhin sagte ich zu einer Person ganz ruhig und nachdenklich. „Ich weiß nicht? Aber tagtäglich 24 Std. Kränkungen und seelische Verletzungen mit sich rumzuschleppen und darunter freiwillig massiv weiter zu leiden, ist das nicht verrückt?" Wenn jemand wirklich nicht die Last loswerden will, dem kann ich leider nicht helfen. Allen anderen aber, die motiviert sind und frei sein wollen, denen kann ich zusichern, dass ihnen erfolgreich geholfen werden kann.

Richtig vergeben kann man erlernen und trainieren

Die beste Nachricht ist: Vergeben kann man lernen und trainieren! Gleichwohl haben einige Menschen weiterhin Bedenken. Sie meinen, wenn sie vergeben, müssen sie das Unrecht weiter erdulden, das ihnen angetan wurde. Dem ist NICHT so. Vergeben ist nicht die Duldung von unrechtem Verhalten. Unrecht bleibt Unrecht! Vergeben ist aber die Befreiung aus der Sklaverei der persönlichen Kränkung. Dass man Vergeben wirklich lernen kann, finde ich fantastisch. Ich konnte bereits viele hundert Menschen auf diesem Vergebungsprozess begleiten. Es zeigte sich immer wieder: Vergeben und Verzeihen kann man trainieren und es therapeutisch als Konfliktbewältigungsstrategie bewusst einsetzen. Man kann es, wenn man es auch noch nie gemacht hat, lernen. Und immer, wenn man trainiert, das sage ich den Kindern in der Therapiesitzung, wird man besser. „Es ist wie beim Fußballspiel. Gewinnt man jedes Spiel? Nein! Was macht man? Wir trainieren weiter! Und wenn man trainiert, wird man besser und die Wahrscheinlichkeit wird höher, ein Fußballspiel zu gewinnen. Wenn man aber nicht trainieren würde, würde die Wahrscheinlichkeit höher sein, mehr Fußballspiele zu verlieren." Ja, so ist es beim Fußball und so ist es bei der Vergebung. Sie müssen also trainieren, aktiv bleiben und sich in diesem Prozess weiterentwickeln. Vergeben ist mitunter ein herausfordernder Prozess, an dem Sie dranbleiben müssen. Aber Sie werden mit dem Training immer besser im Vergeben. Es ist nicht jedes Mal gleich leicht oder schwer. Manche Kränkungen treffen Personen schwerwiegender und dann wird es schwieriger, diesen Prozess zu durchlaufen. Da ist es durchaus möglich, in dem Prozess hängen zu bleiben. Und dann braucht man wirklich professionelle Hilfe. Aber es ist trotzdem der einzige Weg, der zur Beziehungsgesundung führt. Und man kann es lernen! Letztendlich ist das eine persönliche Entscheidung, die man treffen muss, ob man sich auf diesen Weg einlässt oder nicht. Vergeben hilft, eine bessere Kontrolle über die eigenen Emotionen zu haben und mental und körperlich fitter zu sein. Durch vergeben werden Opfer zu Helden! Vergeben und Verzeihen hilft dauerhaft, um in intakten und vitalen Beziehungen zu leben.

Daher möchte ich Ihnen jetzt zwei sehr grundsätzliche und wichtige Fragen stellen: Die erste Frage lautet: **Wollen sie seelisch gesund bleiben oder gesund werden?** Wollen Sie das wirklich? Und die zweite Frage, die sich daran anschließt: **Wollen Sie wirklich in intakten Beziehungen leben?**

Es wird immer wieder Enttäuschungen und Kränkungen in Beziehungen geben. Diese Kränkungen gehen nicht von alleine weg. Also muss es eine Bewältigungsstrategie geben, mit der man diese Beziehungskränkungen aufarbeiten kann. Und das ist die Vergebung! Steigen Sie aus der Opferrolle aus und werden Sie zum Helden! Nehmen Sie Ihr Leben selbst in die Hand! Bleiben Sie nicht in einer Abhängigkeit durch Kränkungen von anderen Menschen. Niemand muss mit diesen Kränkungen durchs Leben gehen! Jeder kann lernen loszulassen! Sie können frei werden! Das ist möglich in allen Lebenssituationen und in jedem Alter. Deswegen vermeiden Sie die größte Fehlentscheidung, keine Entscheidung für das Vergeben zu treffen.

Professionelle Hilfe im Vergebungsprozess in Anspruch nehmen

Wenn Sie gerade denken, dass Sie selbst für diesen Vergebungsprozess professionelle Hilfe in Anspruch nehmen sollten, aber nicht wissen, wo Sie diese fachliche Unterstützung bekommen, dann habe ich hier möglicherweise eine Lösungsmöglichkeit für Sie.

Ich biete in Kürze ein Onlineseminar zum Vergebungsprozess an (mit wenigen Klicks über die Homepage www.Gossweb.de den Newsletter abonnieren und immer das Neueste erfahren), in dem Sie Schritt für Schritt durch den Prozess geleitet werden und jeweils alles genau und verständlich erklärt bekommen. Dieses Onlineseminar ist gerade für diejenigen Menschen konzipiert, die motiviert sind zu lernen und zu trainieren, wie man belastende und (er)drückende Kränkungen loslassen kann - für Personen, die es alleine nicht schaffen und Unterstützung brauchen. Zusätzlich zum Onlinekurs gibt es das persönliche Telefon-Coaching mit mir, um Ihre individuellen Fragen und Herausforderungen zu besprechen. Wenn es klemmen sollte, helfe ich Ihnen professionell, damit Sie in dem Vergebungsprozess weiter vorankommen und das Los-Lassen erfolgreich umsetzen. Der Onlinekurs zum Vergeben ist nicht umsonst. Dagegen ist die Vergebung aber für Ihre Beziehung unbezahlbar und macht von innen her frei. Was ist Ihnen diese Freiheit wert?

Falls Sie nur jemandes „Ohr" brauchen, um etwas loszuwerden, so können Sie auch nur das Telefon-Coaching wahrnehmen. Im Telefon-Coaching zum Vergebungsprozess gebe ich Ihnen persönlich Hilfestellung und antworte Ihnen auf Ihre Fragen. Mein Ziel ist Ihr Empowerment, d.h. dass Sie lernen, für sich die Verantwortung zu übernehmen und das Vergeben und Verzeihen eigenständig zu trainieren und zu kultivieren. Sollten massive Widerstände auftreten, kann ich Sie auch darin kompetent begleiten.

Wenn Sie also an einem Punkt hängen, selber nicht weiterkommen und nicht wissen, wer Ihnen weiterhelfen kann, so können Sie das Telefon-Coaching hier annehmen (https://bit.ly/31512zM). Aber das Wichtigste ist: Machen Sie diese Entscheidung, vergeben zu wollen, fest. Nehmen Sie sich fest vor, die Sache anzugehen und Ihr Bestes zu geben, damit Ihr zukünftiges Leben sich frei entfalten kann und nicht von alten Verletzungen blockiert wird. Ich habe bereits erwähnt, dass Vergeben nicht immer einfach ist, aber der Weg lohnt sich und ich skizziere Ihnen kurz den Prozess, der auf Sie zukommen wird.

Der Vergebungsprozess

Das englischsprachige Handbuch der Vergebung (Worthington, E. & Wade, N. (Hg) 2019) ist im November 2019 in 2. Auflage in Deutsch erschienen. Darin zeigt der Experte in der Vergebungsforschung sehr viele Facetten zur Vergebung auf. Er beschreibt außerdem den Prozess der Vergebung, der in vier oder fünf Phasen abläuft.

Die erste Phase beinhaltet die Erkenntnis des Problems: Ja, es ist in unserer Beziehung zur Eskalation gekommen, es hat „geknallt". Und das Zweite ist: Es tut auch weh. Es gab nicht nur einen Crash, sondern es schmerzt noch lange intensiv nach. Zusätzlich ist man in dieser Phase hypersensibel. Es ist etwas in der Beziehung passiert und nach dem ersten Schockmoment wird einem bewusst, die Stabilität der Paarbeziehung ist bedroht. Die Beziehung, die so wichtig ist, scheint gefährdet zu sein, und dann haben Personen den drängenden Impuls, etwas Regulierendes tun zu müssen.

Nun folgt die entscheidende dritte Phase. Was macht man jetzt? Kämpft man nun für die Beziehung oder lässt man sich auf den Weg der Vergebung ein oder hoffe man, dass Gras darüber wächst und niemand mehr darüber spricht? Wie auch immer die Persönlichkeit ist, man wird irgendeinen Weg bewusst oder unbewusst gehen, um die Situation zu bewältigen. Der gesündeste Weg ist jedoch, wie wir bereits gesehen haben, sich auf den Prozess der Vergebung einzulassen. Dies ist eine bewusste Entscheidung für den Vergebungsprozess, die jedes Individuum für sich persönlich treffen muss.

Anschließend folgt in der vierten Phase die anstrengende Vergebungsarbeit: Der Betroffene darf nicht als „Opfer" in seiner Rolle bleiben. Er muss die gekränkte Opferrolle loslassen, um davon frei zu werden. Denn aus der Opferrolle heraus kann kein Schritt in Richtung Vergebung auf den anderen zugegangen werden. In dieser Phase lauern die meisten emotionalen Hürden und kognitiven Hindernisse. Es ist aber essentiell notwendig, in sich hineinzufühlen und sich selbst wahrzunehmen, damit man ehrlich zu sich selber sein kann und den emotionalen Schmerz nicht verdrängt, sondern als dazugehörig integriert. Wenn aber die seelische Verletzung zu Frust und Ärger dem Partner gegenüber führt, weil dieser scheinbar etwas

Unpassendes gesagt oder getan hat, dann läuft der Vergebensprozess nicht ideal. Es ist besser, ehrlich zu bleiben und zu sagen, dass einen diese Aussage oder jenes Verhalten wirklich zur Weißglut gebracht hat, als vorschnell verbal zu Vergeben und nicht authentisch von Herzen. Ehrlich mit den eigenen Emotionen umzugehen, ist nicht einfach, jedoch für diese Arbeitsphase entscheidend, damit dieser Prozess zum Erfolg führt.

In der fünften Phase wird der Sinn des Vergebens erkannt: Man vergibt, damit man selber von den Kränkungen frei wird. Es ist vielleicht sogar mit einem transzendentalen Verständnis von Vergebung verbunden. Zudem gibt es die wiederholte Handlung des Vergebens, das immer wieder angewendet wird, bis es zu einem allgemein gültigen Lebensprinzip wird. Immer wieder neu wird das Vergeben und Verzeihen in verschiedenen Lebenssituationen geübt und trainiert, bis es zu einer bestimmenden inneren Lebenshaltung wird. Trotzdem ist Vergebung kein Automatismus und jeder muss sich neu dafür Entscheidung, den Weg des Vergebens zu wählen, um seelische Verletzungen loszulassen. Wenn man diese Haltung kultiviert und regelmäßig im Trainingsprozess übt, dann wird es positive Auswirkungen auf alle Arten von sozialen Beziehungen, insbesondere der Ehebeziehung, haben.

Wenn also zwischen den Menschen Beziehungskränkungen entstehen, dann ist es ganz wichtig, dass es
grundsätzliches Vertrauen zueinander und ineinander
gibt. Daher muss in vielen Fällen an dieser Voraussetzung gearbeitet werden, bevor überhaupt der Vergebungsprozess gestartet werden kann. Zwischen-
menschliches Vertrauen ist sehr entscheidend, damit
das „Opfer" – derjenige, der also sehr enttäuscht ist -
erstmal Vertrauensvorschuss gegenüber dem „Täter"
erweisen kann. Das kann so aussehen, dass die Person
einfach darauf vertraut, dass der andere es nicht mut-
willig böse mit ihm gemeint hat. Anschließend kann
derjenige, der den anderen verletzt hat, die Zusage
machen, dass es ihm leidtut und er sich für die Kränkung entschuldigt. Außerdem könnte die Zusage folgen, beim nächsten Mal etwas anders machen zu wollen, so dass er den Partner mit seiner Aussage oder
seinem Verhalten nicht kränkt. Wenn dieses Zuge-
ständnis im Vertrauen gegründet ist, so kann auch das
Gegenüber wieder ein Signal des Vertrauens geben,
das wiederum die Beziehung stützt und bestärkt.

Es geht im Grunde darum: Ohne Vertrauen gibt es
keine intakte Beziehung! Jedoch ist durch die Kränkung
gerade das gegenseitige Vertrauen zerstört worden,
kaputt gegangen, in die Brüche gegangen. Daher ist
der erste Schritt im Vertrauensvorschuss so wichtig.

Hier wird häufig erwartet, dass der andere den ersten Schritt machen muss. Und so schiebt jeder die Verantwortung auf den anderen und beide bleiben in ihrer Kränkung. Es geht aber nicht darum wer anfängt, sondern dass überhaupt jemand in der Paarbeziehung den Anfang macht. Letztendlich muss von beiden Seiten der Vertrauensvorschuss geleistet werden. Der eine, wie auch der andere. Der eine, der aus seiner Opferrolle aussteigt und dem anderen vorwurfsfrei zuhört, und der andere, der ohne Rechtfertigung seine Schuld eingesteht und um Verzeihung bittet. Jemand, der seine Schuld anerkennt und Verantwortung übernimmt, auf den anderen zugeht und der andere, der die Schuld dann verzeiht und auf sein Recht - so empfindet man das häufig als Opfer - auf Wut und Rache verzichtet und dem anderen vergeben kann. Das Vertrauen wieder herzustellen ist nicht Aufgabe des Verletzers allein, sondern ein beidseitiger Prozess über eine gewisse Zeit. Also beide brauchen in dieser Beziehung einen Vertrauensvorschuss, und wenn sie beide diesen Willen und die Bereitschaft haben, den Weg des gegenseitigen Verzeihens zu gehen, dann werden sie auch beide die Erfahrung machen, dass durch Verzeihen vielleicht auch ein Versöhnen in der Beziehung entstehen kann. Versöhnung ist kein automatischer Prozess. Verzeihen genügt nicht immer für eine Versöhnung, sie ist jedoch immer die Voraussetzung dafür. Versöhnung heißt Neuanfang. Beide wollen miteinander lernen, neu in ihrem Verhalten und mit ihren

Worten umzugehen - bestenfalls mit weniger Kränkung und Verletzung. Es wird jedoch nie ohne eine
Kränkung und Verletzung in einer so intimen Beziehung wie der Ehe gehen. Daher müssen alle Paare sich
darauf einstellen und lernen, wie sie mit Kränkungen
in der Beziehung umgehen können.

Vom Vergeben zur inneren Haltung, grundsätzlich verzeihen zu wollen

Ich bin froh, dass ich eine Frau habe, die mir im Verzeihen ein Vorbild ist. Manchmal sage ich flapsig was
daher und es kommt dann bei ihr ganz schräg an. Ehe
ich mir gewahr werde, was ich gerade gesagt habe und
dass es meine Frau tief gekränkt hat, hat sie bereits für
sich eine Entscheidung getroffen. Stellen Sie sich das
einmal vor. Noch bevor ich verstehen kann, was meine
Worte in meiner Frau ausgelöst haben und ich zu ihr
sagen konnte: „Ach Schatz, das habe ich so nicht gemeint. Kannst du mir bitte meine unbedachte Bemerkung verzeihen?" hat meine Frau bereits folgende
weitreichende Entscheidung zum grundsätzlichen Verzeihen getroffen. Sie antwortet häufig auf meine Bitte
um Vergebung: „Das habe ich schon!" Wow. Ich komme also gerade dazu und will um Verzeihung bitten,
und sie entgegnet mir bereits: „Das hab ich schon getan." Sie hat sich entschieden, in dem Moment, wo ich
sie verletzt habe, sofort zu kontern mit der inneren

Haltung: „Ich möchte ihm trotzdem verzeihen!" Diese Haltung habe ich nicht immer. Da steigt mir erst einmal die Wut aus dem Bauch hoch. Und dann denke ich im nächsten Schritt nach. Ich brauche eine Weile, bis ich auf Vergebungsbereitschaft umschwenken kann. Es geht jedoch auch akut anders, wie mir meine Frau vorlebt. Ideal ist es, wenn man die Haltung des Vergebens bereits verinnerlicht hat und nicht darauf wartet, bis der andere kommt und die Hand zur Versöhnung reicht. Ich möchte Vergebung leben, egal was kommt. Ich möchte einfach diese Verletzung nicht für mich behalten, sondern loswerden, loslassen, damit sie mich nicht weiter quält. Das ist möglich und erlernbar. Ich jedenfalls bin noch auf dem Weg des Lernens und des Trainierens. Und Sie?

Vergeben ohne ein Gegenüber zu haben

Vergebung ist selbst da möglich, wo es kein Gegenüber (mehr) gibt. Ich erinnere mich an sehr emotionale Momente, wo Menschen ihren bereits verstorbenen Eltern die zugefügten Kränkungen vergeben haben und frei wurden. Auch erinnere ich mich an eine Frau, die vergewaltigt wurde. Der Täter konnte niemals festgestellt werden und die Anzeige wurde irgendwann gegen Unbekannt eingestellt. Jetzt musste sie mit dieser massiven seelischen und körperlichen Verletzung und diesem massiven Unrecht umgehen lernen. Sie wollte gerne verzeihen, hatte jedoch kein Gegenüber, an den sie diese Botschaft richten konnte und litt sehr darunter. Ich konnte ihr nicht klarmachen, dass es kein Gegenüber bräuchte, um zu vergeben. Daher stellten wir einen leeren Stuhl ihr gegenüber und sie stellte sich vor, dass ihr Peiniger dort Platz nehmen würde. Als sie dann zu reden begann, platzte der ganze Schmerz, der ganze Hass aus ihr heraus und sie konnte loslassen und von dieser massiven Belastung frei werden. Heute ist sie glücklich verheiratet und hat eine eigene Familie mit mehreren Kindern. Sie ist frei von der Vergangenheit und in der aktuellen Familiensituation, wo es sicher auch eigene Schwierigkeiten gibt, floppt nichts Altes mehr auf, das die neue Familienbeziehung gefährden könnte. Aber es war damals für sie nicht einfach und benötigte sehr viel Kraft. Und genau das ist häufig ein Problem.

Woher die Kraft zu vergeben nehmen?

Wer bis jetzt an dem Thema dran geblieben ist, wird wahrscheinlich einfach sagen: Vergebung ist sinnvoll. Vergebung ist nützlich. Vergeben sollte man dann unbedingt, wenn der Beziehungsalltag mit den ersten emotionalen Verletzungen kommt, umsetzen. Wenn es jedoch soweit ist, fehlt einem einfach die Kraft, um zu vergeben. Dann stellt sich die Frage: „Wie soll ich das jetzt in meiner Situation machen?" Trotz der Einsicht fehlt vielen Menschen der feste Entschluss, diesen Vergebungsprozess umzusetzen.

Und genau das haben die Wissenschaftler in mehreren Studien festgestellt. Obwohl es so plausibel und eindeutig klar und der einzige Weg ist, um Beziehungen zu retten. Es gibt viele Menschen, die einfach keine Willenskraft haben, diesen Weg bis zum Ende zu gehen. Die Menschen wissen zwar vom Kopf her, dass es Vergebung gibt und dass man diesen Prozess durchlaufen kann, um frei zu werden. Aber irgendwie schaffen sie es nicht durch diesen Vergebungsprozess hindurch, und werden damit auch nicht frei.

Eine wenig beachtete Ressource in Beziehungen

Rückblickend haben die Wissenschaftler festgestellt, dass Menschen, die von sich behaupten, dass sie gläubige Menschen wären, es leichter schafften, anderen zu verzeihen. Scheinbar war die christliche Spiritualität eine wenig beachtete Ressource, die es leichter machte, anderen zu verzeihen. Auf jeden Fall fiel es diesen religiösen Menschen leichter, im Vergleich zu nichtreligiös gebundenen Menschen, Vergebung zu leben. Irgendwie hatten sie Kraft, sich diesem Vergebungsprozess erfolgreicher zu stellen. Warum das so ist, konnten die wissenschaftlichen Studien noch nicht klären. Daher möchte ich dieser Frage theologisch und religiös nachspüren. Auch wenn Sie vielleicht keinen religiösen Bezug haben, lade ich Sie auf diese spirituelle Entdeckungsreise ein.

Der verborgene Schatz der Vergebungskraft

Ich habe einen hochinteressanten Bibeltext im 2.Korinterbrief 4,7 entdeckt, der von einem inneren Schatz in uns spricht. „Wir haben aber diesen Schatz in irdenen Gefäßen, damit das Übermaß der Kraft von Gott sei und nicht aus uns." Nehmen wir einmal an, dass dieser innere Schatz die Vergebungskraft wäre. Dann sagt der Bibelvers aus, dass es in unserem körperlichen Bewusstsein hier auf der Erde es einen Zugang zur göttlichen Kraft gibt, die von Gott kommt und nicht von uns ist, aber in uns als Kraftquelle (Schatz) verborgen liegt. Daher wollen wir gemeinsam nachspüren, was dieser verborgene Schatz der Vergebungskraft beinhaltet. Halten wir erstmal fest: Es gibt in uns einen Zugang zur unendlichen Kraftquelle, die von Gott selbst kommt und nicht von uns ist. Die macht es möglich, dass wir besser vergeben und verzeihen können.

Das Vaterunser-Gebet als Vorbild für die Vergebung

Bleiben wir in der Bibel bei Jesus Christus und dem bekanntesten Gebet, dem Vaterunser. Jesus lehrt, wie wir beten sollen. Im Vaterunser, das in der ganzen Welt gebetet wird, heißt es „...und vergib uns unsere Schuld...". Also Selbstreflektion zu eigener Fehlbarkeit, der eigenen Schuld und danach folgt „...wie wir vergeben unseren Schuldigern" (Mt 6,12). Den Schuldigern, also denjenigen Menschen, die sich an mir vergingen, die mich gekränkt und verletzt haben.

Der erste Punkt ist, sich selbst reflektiert wahrzunehmen. Wie oft bin ich denn eigentlich Täter und verletze, enttäusche und kränke jemanden? Kann ich die Verantwortung für meine Fehltritte übernehmen und mich entschuldigen oder erwarte ich, dass andere auf mich zukommen und sich entschuldigen, nur weil ich mich gekränkt fühle? Das ist die erste interessante Perspektive: Wo stehe ich in der Selbstreflektion?

Aber dann geht es ja auch noch weiter. Die Apostel schreiben sehr viel über die Vergebung, wie beispielsweise in Epheser 3,32: „Vergebt einer dem andern, wie auch Gott euch vergeben hat in Christus". Hier wird der Maßstab des zwischenmenschlichen Vergebens sehr hoch angesetzt. Wir sollen einander so vergeben, wie Jesus Christus den Menschen vergeben hat. Dann müssen wir uns gleich fragen, wie hat Gott uns durch Jesus Christus vergeben? Immer wieder heißt es von

Gott, dass er der Sünden und Missetaten „nicht mehr gedenken will" (Hebräer 8,12 + 10,17). Gott vergisst nicht, aber er vergibt und hält die Schuld nicht wieder vor, wenn sie beseitigt ist. Ähnlich sollen wir untereinander nicht die alten Dinge vorhalten, sondern Kränkungen durch den Vergebungsprozess zu den erledigten Akten legen.

Gottes Zusagen für gekränkte und enttäuschte Herzen

„Lasst los und ihr werdet frei werden" so sagt es Jesus Christus in Lukas 6,3. Wenn wir uns für den Vergebungsprozess entschieden haben, dann hat das zur Folge, dass wir loslassen, um frei zu werden. Wir lassen Verletzungen, Kränkungen, Unrecht los, damit uns diese Dinge nicht mehr bedrücken und wir uns frei und unbelastet der Zukunft stellen können. Genau dazu ist Jesus Christus gekommen, um verletzten Herzen, die eigentlich keine Kraft haben, göttliche Kraft zu geben, damit sie sich wieder vor Gott annehmen können und auch anderen Menschen Vergebung zusprechen können.

Die allerschlimmste Kränkung und das Vorbild Jesu

Ich möchte das einmal so auf den Punkt bringen: Die schlimmste Art und Weise, die man als Kränkung erleben kann, ist, wenn man unschuldig für etwas belastet und dafür verantwortlich gemacht wird. Jesus Christus wird völlig unschuldig an das Kreuz genagelt - die schlimmste Folterstrafe, die es damals im Römischen Reich gab - also schlimmeres Unrecht kann man gar nicht begehen.

Jesus hat viel mehr gelitten und wurde viel mehr verletzt als wir alle zusammen. Eindeutig. Und was machte er? Zeigte er Wut und Aggressionen oder reagierte er mit Drohungen? Nein! Am Kreuz betete er zum Gott-Vater ein Fürbittegebet mit der Bitte: „Vergib ihnen, denn sie wissen nicht, was sie tun“ (Lukas 23, 34). Jesus ist bereit, in einer existenziellen Extremsituation zu verzeihen. Ich glaube nicht, dass es für Jesus leicht und einfach war, dieses Gebet zu sprechen. Aber er hat es getan und hat damit uns ein Vorbild gegeben. Gerade Menschen, die sich auf Jesus Christus beziehen und sagen „Ich bin Christ" sollten in dieser Hinsicht von ihm lernen. Er hat es vorgelebt und ist den Weg der Vergebung vorausgegangen. Er betet für die, die ihn gerade so grausam, völlig zu Unrecht, ans Kreuz genagelt haben. Wäre es für Christen nicht passender, in sozialen Konfliktsituationen oder Beziehungskrisen füreinander zu beten und Fürbitte für den anderen mit den Worten einzulegen: „Vater, vergib ihm/ihr, denn er/sie weiß nicht was er/sie tut?" Wäre das nicht ein göttlicher Kraftbeweis, wenn wir so mit eigenen Kränkungen und Enttäuschungen umgehen könnten?

Der individuelle Zugang zur Kraftquelle der Vergebung

Wie können wir diesen göttlichen Schatz der Vergebungskraft, der offenbar in Jesus Christus war, in uns aktivieren? Ich entfalte diese Frage an einem Text aus Kolosser 2,13f: „Denn vorher wart ihr tot aufgrund eurer Schuld und weil euer altes Ich euch bestimmt hat. Doch Gott hat euch mit Christus lebendig gemacht. Er hat uns unsere Schuld ganz vergeben. Er hat die Liste der Anklagen gegen uns gelöscht; er hat die Anklageschrift genommen und vernichtet, indem er sie ans Kreuz genagelt hat" (Kolosser 2,13-14).

Ich finde, es ist ein herrlicher Text und er hat ein schönes Bild. Vorher war der Tod aufgrund unserer Sünden, unserer Fehlverhalten und weil wir alle selbstbezogen lebten, für uns todsicher. Doch Gott hat uns durch Jesus Christus lebendig gemacht, um Gottes guten Willen wahrzunehmen und alle unsere Schuld von ihm vergeben zu bekommen. Wie hat Gott das getan? Er hat die lange Liste der Anklagen gegen uns gelöscht. Er hat die Anklageschrift genommen und aufgelöst, indem er sie an das Kreuz genagelt hat. Was ist also passiert?

Wenn wir etwas Ungutes tun, wenn wir einander kränken, verletzen, einen Joke machen und der in den falschen Hals kommt. Oder etwas, was wir uns fest vorgenommen haben, aber es nicht umsetzen konnten und dadurch den anderen so tief verletzt haben, weil etwas einfach ausgeblieben ist, worauf derjenige so sehr gewartet hat. Egal was es war oder ist, die Erwartungen wurden bitter enttäuscht. Und nun leiden wir darunter und können uns selber kaum dafür ausstehen. Für all das gibt es einen Ort, wo man Hilfe bekommt. Das Kreuz! In unserem Bibeltext heißt es, dass Gott alle unsere Unzulänglichkeiten und unsere Fehler an das Kreuz geheftet hat.

Bleiben wir doch einmal beim Bild von Jesus Christus, der am Kreuz hängt. Da rinnt das Blut am Holz herunter und kommt bis zu der Anklageschrift. Dieser Zettel ist vielleicht bei einem 20-jährigen noch deutlich kürzer als bei einem 60- oder 80-jährigen Menschen. Stellen wir uns einmal vor, auf dieser Liste befinden sich alle unsere Versäumnisse, unser Versagen und unsere Schuld unseres gesamten Lebens. Alles ist dort detailliert vor Gott notiert. Nichts ist vergessen. Daher die Länge des Schuldbriefs. Und jetzt kommt das Blut Jesu Christi an diesem Schuldschein an. Und wie so ein Löschpapier saugt die lange Liste das Blut Jesu auf und es durchzieht die gesamte Anklageschrift von vorne bis hinten – so dass man nichts mehr darauf lesen kann und nur noch einen blutdurchtränkten roten Zettel sieht. Egal wie man draufschaut, es ist nichts mehr von dem vorher Draufgeschriebenen zu sehen. Alles ist überdeckt durch das Blut Jesu Christi. Es gibt nichts mehr, was gegen uns als Anklage bestehen kann, wenn wir zu Jesus Christus kommen und um Vergebung bitten und ihm unsere Anklageschrift abgeben. Dann vergibt uns Gott durch das Versöhnungsopfer in Jesus Christus am Kreuz und hält uns nichts mehr vor. Es ist gelöscht, überschrieben, unlesbar gemacht - ein für alle Mal! So vergibt Gott in Jesus Christus jedem Menschen, der sich im Vertrauen Gott zuwendet. Das ist die Vergebung Gottes. Absolut und grandios! Das kann man mit dem Verstand kaum fassen. Aber alle Christen auf dieser ganzen Welt leben von dieser Vergebungs-zusicherung in Jesus Christus. Sie gilt jedem selbstre-flektierten Menschen, der seinen Schuldschein an das Kreuz heftet.

Ich habe so etwas hunderte Male ganz persönlich miterlebt, wenn Menschen diesen Glaubensschritt das erste Mal bewusst im Leben machten und ihre ganze belastende Lebensschuld an das Kreuz abgaben. Zwei solche sehr beeindruckende und außergewöhnliche Vergebungsprozesse möchte ich hier sehr verkürzt mitteilen.

Das erste Beispiel kommt von einer Jugendfreizeit. Eine Jugendgruppe hat mich als Referent eingeladen, um über die Begegnung mit Jesus Vorträge zu halten. An jedem Abend hielt ich ca. eine Stunde einen Gottesdienst. Mit auf der Freizeit waren fünf Jugendliche aus einer Clique oder besser Jugendbande, die alle vorbestraft waren. Am letzten Abend ging es um die Vergebung in Jesus Christus und die Möglichkeit, alle belastende Vergangenheit an das Kreuz zu heften. Der Boss und Sprecher der Gruppe sagte mir, dass sich alle Bandenmitglieder auf das Angebot einlassen wollten. Ich war sehr skeptisch und fragte jeden einzelnen persönlich. Jeder bestätigte eigenständig den Wunsch, die Vergangenheit Gott in einem Gebet anzuvertrauen und um göttliche Vergebung zu bitten. Also nahm ich mir die Zeit und wir gingen in einen Nebenraum, um ungestört zu sprechen und zu beten. Immer noch ein wenig kritisch hinterfragte ich die Absicht. Im derben Straßenjargon äußerten die fünf Jugendlichen den

Wunsch „all den Scheiß hinter sich zu lassen und neu anzufangen". Also betete ich mit ihnen gemeinsam. Nach dem „Amen" schaute der „Boss" mit ganz großen Augen nach unten auf den Boden, und ich fragte ihn was los sei. „Ich habe das Gefühl ich schwebe! Ich gucke, ob ich noch wirklich auf dem Boden stehe. So leicht habe ich mich noch nie gefühlt!" Gott vergibt tatsächlich vollumfänglich. Es ist kein Hirngespinst! Man kann persönlich Vergebung von Gott erleben und erfahren, so wie diese Jugendlichen. Gott vergibt garantiert, wenn wir ihn darum bitten, und er macht uns frei von der Last, die uns bedrückt.

In einer anderen Situation konnte ich einer 104-jährigen Frau in Nürnberg durch den Vergebungs- und Versöhnungsprozess mit Gott helfen. Es war hochinteressant. Ich war gerade auf einem großen Kongress, da klingelte mein Handy. Eine Bekannte fragte mich, ob ich jetzt Zeit hätte, da eine ältere Dame dringend mit einem Geistlichen sprechen wollte. Ich wurde von der Bekannten vom Kongress abgeholt und sie fuhr mich in ein Altenheim. Unterwegs berichtete die Bekannte, dass die ältere Dame bereits 104 Jahre alt, aber noch sehr klar im Kopf sei.

„Sie wollte nie etwas von Gott wissen, aber jetzt möchte sie plötzlich mit einem Geistlichen sprechen, und da habe ich sofort an dich gedacht" berichtete die Bekannte weiter. Ich fühlte mich etwas überfordert mit der neuen Information und wusste nicht recht, wie ich mich als so junger Mann gegenüber einer fast dreifach älteren Frau verhalten sollte. Als ich das Zimmer der 104-jährigen betrat, musterte sie mich mehrmals kritisch von oben bis unten. Ich nahm einfach ihre Hand und streichelte sie leicht und sagte: „Sie wollten mit einem Geistlichen sprechen? Hier bin ich." Nach einigen stillen Minuten (die mir wie Stunden vorkamen) fing die ältere Dame langsam an, mir etwas über sich und ihr Leben zu erzählen. Von der Familie und den beiden Söhnen, die beide gut geraten seien und von ihrem Mann, mit dem sie ein gutes Leben gehabt hatte. „Naja, manchmal hatten wir auch Streit miteinander. Aber ich war die Erste, die dann auf ihn zugegangen ist und gesagt hat, dass es mir leid tut - auch wenn ich nicht immer Schuld hatte. Und dann war alles wie nach einem Sommergewitter wieder gut", berichtete die Dame mir. Das war meine Brücke. Ich erklärte, dass es wie in ihrer Ehebeziehung auch mit Gott sei. Es gibt Dinge in unserem Leben, auf die wir nicht stolz sind und die tragen wir täglich mit uns herum. Aber wir können den Ballast bei Gott abladen und ihm, wie in der Ehe, sagen: „Es tut mir leid, verzeih mir bitte" und Gott hört diese ernstgemeinten Worte und vergibt. „Ist das wirklich so?" fragte die Dame mich streng und ich bejahte. „Dann will ich das ausprobieren" kam die prompte Antwort. Weil die 104-jährige Frau nach ihren Angaben noch nie ein Gebet gesprochen hatte und auch das Vaterunser nicht kannte, formulierte ich ein einfaches Gebet, und sie sprach es mir nach. Nach dem „Amen" fragte ich sie. „Wie geht es Ihnen?" und sie wiederholte „Wie geht es Ihnen?". Da merkte ich, dass etwas nicht stimmte. Nach einer kleinen Pause fragte ich die Dame erneut, ob sie nun Gott um Vergebung gebeten habe. Sie verneinte. Dann sagte ich ihr, dass sie mit ihren eigenen Worten Gott um Verzeihung bitten könne. Da richtete sich die Dame im Bett auf und rief zweimal sehr laut „Gott vergib mir! Gott vergib mir!" Im nächsten Moment ging die Zimmertür auf und eine Schwester fragte, ob alles in Ordnung sei. Darauf entgegnete ich: „Jetzt schon!" Ich kann Ihnen nicht beschreiben, wie verändert das Gesicht und die Ausstrahlung dieser Dame nun waren. Etwa eine Woche später habe ich die Dame beerdigt und einige von den Mitarbeitern vom Altenheim waren anwesend. Nach der Beerdigung fragte mich eine Altenpflegerin, was ich an dem besagten Tag mit der Dame gemacht hätte. Sie sei vorher so mürrisch und unzufrieden gewesen. Doch seit dem Tag hatte sie eine innere Ruhe und war freundlich zu den Pflegern. Daraufhin meinte ich: „Ich habe ihr gezeigt, wie sie ihre Last bei Gott loswerden kann und sie hat es schlicht und einfach gemacht. Dadurch ist sie frei von ihrer Vergangenheit geworden." Wenn die Lebenslast von einem genommen ist, und die Ewigkeit kein Schrecken, sondern Hoffnung bedeutet, dann kann man auch friedvoll dem Tod entgegentreten.

Bestimmt werden Sie die Vergebung von Gott nicht so krass wie in den beiden Berichten erleben, aber was ich damit sagen möchte ist, dass die Vergebung Gottes jedem einzelnen zusteht. Egal ob Sie 104 Jahre gelebt haben oder bereits in jüngeren Jahren die Freiheit suchen, ob fromm sozialisiert oder ohne Religion aufgewachsen. Mit einem riesigen oder kleinen Lebensrucksack voller Ballast - Gott vergibt jedem, der zu ihm kommt. Das Angebot stimmt und steht jedem offen. Wer die Vergebung Gottes in Anspruch nimmt, wird erfahren, was es heißt loszulassen, um frei zu werden. Er wird von dem inneren Vergebungsschatz, der von Gott in uns hineingelegt wurde, erstaunt sein.

Wer diesen Schatz zu schätzen weiß, dem fällt es natürlich viel leichter, auch den anderen Personen zu verzeihen, weil er weiß, dass er so viel selber vergeben bekommen hat. Jesus sagte einmal: „Wem wenig vergeben wird, der zeigt auch wenig Liebe" (Lukas 7,47). Es liegt nicht an dem, dass Gott einem weniger oder mehr verzeihen müsste, sondern daran, ob wir uns dessen bewusst sind, wieviel und umfassend uns Gott in Jesus Christus vergeben hat. Wer dieses großartige Geschenk Gottes wertschätzt und nicht billig annimmt, der wird zu einer tiefen inneren Erfüllung finden, die am besten mit innerem Frieden und freudiger Zufriedenheit beschrieben werden kann. Aus dieser inneren Erfülltheit kann man den ersten Vertrauensvorschuss seinen Mitmenschen gegenüber leisten. Das kann sich darin zeigen, dass man mehr Kraft zu verzeihen hat. Dies ist aus meiner Wahrnehmung das Geheimnis des verborgenen inneren Schatzes in uns. Die Selbstreflektion der umfassenden Vergebung Gottes macht uns stärker trotz mancherlei Enttäuschungen, ebenfalls von ganzem Herzen zu verzeihen.

Vergeben ist die beste Medizin für die Seele und rettet Beziehungen

Letztendlich ist Verzeihen die beste Medizin für die seelische Gesundheit für jeden Menschen. Ich wünsche jedem diese heilsame Medizin. Extrastark. Denn die Nebenwirkungen können sich sehen lassen. Es sorgt für Freiheit von Selbstsucht, reduzierte Anspannung, zunehmende Freude, spontanes Lachen, Liebe für Mitmenschen und außerdem das ewige Leben bei Gott sowie das Bedürfnis, andere von dem Geheimnis der Vergebung weiterzuerzählen. Ich finde, das sind sehr gute Nebenwirkungen! Damit kann man sehr gut leben, im Vergleich zu anderen Packungsbeilagen, oder?

Ein paar Selbstreflektionsfragen zur Vergebung

Zum Schluss möchte ich die alles entscheidende Frage wiederholt stellen: Willst Du / wollen Sie wirklich verzeihen? Ich meine das ganz ernst. Viele Menschen sind einfach nicht bereit, vergeben und verzeihen zu wollen. Wenn Sie zu den Menschen gehören, die wirklich vergeben wollen, dann frage ich weiter: Haben Sie den Entschluss wirklich konkret getroffen, ihrem Ehepartner bewusst und ganz konkret die Kränkungen, die Sie mit sich schleppen, zu vergeben? Erst durch diese bewusste Entscheidung startet der Vergebungsprozess. Dieser gesamte Prozess und besonders die Arbeitsphase sind nicht einfach, aber es lohnt sich.

Und wenn Sie Christ sind, dann dürfen Sie Gott bewusst in diesen Prozess mit einbeziehen und ihn bitten, dass er Ihnen im Vergebungsprozess hilft, bis sie von ganzem Herzen loslassen können. Dieser Prozess benötigt Zeit. Das ist nicht mit einem schnellen „entschuldige" geschehen. Aber es bietet die einmalige Gelegenheit, das zerstörte Vertrauen wieder aufzubauen und Beziehung neu und versöhnt weiter zu gestalten.

Wenn es trotzdem klemmt? Das individuelle Verzeihens-Coaching

Vielleicht ist in Ihnen ein Konflikt zwischen Kopf und Herz entbrannt. Sie wissen, dass es gut und richtig wäre zu verzeihen, damit Sie frei von Kränkungen werden. Aber irgendwie fehlt Ihnen die Kraft oder der Mut zu dem festen Entschluss, sich auf den Vergebungsprozess einzulassen. Vielleicht haben Sie so sehr über Jahrzehnte gelitten, dass Sie einfach an der seelischen Verletzung festhalten müssen, damit Sie Sinn in dem finden, wie Sie jetzt gerade leiden und sich durch das Leben kämpfen. Dieser Schmerz und dieser innere Konflikt werden sich leider nicht durch die Zeit von selbst auflösen. Es wird leider über die Jahre nur noch schlimmer. Denn Sie sammeln mit jedem Monat neue Enttäuschungssteine in Ihrem Lebensrucksack, der immer schwerer wird. Und gerade in den ungünstigsten Momenten des Lebens wird die alt verdrängt geglaubte Kränkung sich bemerkbar machen und mit Macht durchschlagen und Ihnen das Leben vermiesen. Fakt ist: Sie können aufhören, über die Kränkungen und über die Ungerechtigkeiten anderer zu schimpfen. Sie können sich für einen neuen Weg entscheiden. Es liegt in Ihrer Hand. Denken Sie kurz nach, was sich alles durch diese Entscheidung verändern könnte? Können Sie sich das Ergebnis vorstellen? Wie würde sich das für Sie anfühlen?

Ich weiß, dass es für viele Personen anfangs ein sehr schwerer Entschluss war und ein noch viel schwierigerer Arbeitsprozess sein kann. Sprechen Sie jedoch mit Menschen, denen Sie vertrauen. Vielleicht kennen Sie einen Pfarrer, einen Seelsorger, einen Berater oder einen Psychotherapeuten. Häufig reicht bei geringen seelischen Verletzungen ein erstes Gespräch und der Vergebungsprozess beginnt und verläuft komplikationslos.

Wenn Sie Ihre Kränkungen jedoch intensiver beschäftigen und belasten, dann suchen Sie am besten gleich professionelle Hilfe im Vergebungsprozess, damit Vergangenes nicht weiter hochkommt und Ihre aktuelle oder zukünftige Beziehung zerstört. Nichts ist so frustrierend und so aufreibend wie etwas, was man nicht aufgearbeitet hat, ständig mit sich herumträgt, zum ungünstigsten Zeitpunkt, wo man sowieso Stress und Probleme hat, dann voll durchschlägt und die aktuelle Beziehung gefährdet. Daher will ich zusammenfassend folgende Schlussfragen zur Selbstreflektion stellen:

Haben Sie das Gefühl, dass im Laufe der Zeit Ihre Beziehungszufriedenheit abgenommen und die Kränkungen und Enttäuschungen zugenommen haben? Haben abfällige Meinungsäußerungen sich vermehrt und Liebesbekundungen reduziert? Hat sich die innere Distanz vergrößert und die intime Nähe reduziert? Ist das Misstrauen gewachsen und hat das Vertrauen abgenommen? Ärgern Sie sich schneller über Dinge, die Sie früher in der Beziehung gut wegstecken konnten? Streiten Sie über Schuld und wer mehr Schuld hat? Nehmen negative Emotionen in der Paarbeziehung zu, statt dass die positiven Gefühle füreinander vorherrschen? Haben Sie das intensive Gefühl, bei Meinungsverschiedenheiten Ihre Sicht durchsetzen zu müssen oder können Sie sich in die andere Person und ihre Meinung hineinversetzen und hineinfühlen? Fühlen Sie sich von Ihrem Partner verstanden und wertgeschätzt? Würden Sie Ihre Zukunft als Paar eher positiv oder eher negativ sehen? Fühlen Sie sich seelisch belasteter als früher? Fällt es Ihnen schwerer als früher

Entscheidungen zu treffen? Haben Sie sich schon einmal gewünscht, mit einer kompetenten Person über Ihre Probleme reden zu können?

Wie ist die Selbstreflektion ausgefallen? Haben Sie Gesprächs- und Unterstützungsbedarf? Falls Sie nicht genau wissen, wie Sie die Vergebungsarbeit starten können und sich jetzt nach der Lektüre etwas überfordert und alleingelassen fühlen, dann biete ich Ihnen eine Schritt-für-Schritt-Anleitung durch den Vergebungsprozess an. Ich habe bereits mehreren hundert Personen durch den Vergebungsprozess geholfen. Warum nicht auch Ihnen? Mittlerweile haben Sie mich durch das Buch etwas näher kennengelernt. Wenn Sie sich vorstellen können, dass ich die Person Ihres Vertrauens bin, dann können Sie sich an mich wenden. Ich biete Ihnen die Sicherheit, Sie in dem individuellen Prozess nicht alleine zu lassen, sondern Sie telefonisch fachlich zu begleiten und Sie Schritt-für-Schritt anzuleiten, damit Sie vergeben und loslassen lernen. Hier können Sie das Telefon-Coaching annehmen (https://bit.ly/31512zM). Ich würde mich freuen, von Ihnen zu hören.

Nachwort

Liebe Leserin und lieber Leser,

ich hoffe, dass Sie wertvolle Impulse für Ihre Paarbeziehung aus meinem Buch dazugewonnen haben. Sehr gerne können Sie mir persönlich per E-Mail schreiben (wilhelm.goss@web.de) und mir Ihre Eindrücke zum Buch mitteilen. Außerdem wäre es eine große Ehre für mich, wenn Sie beispielsweise bei Amazon eine öffentliche und positive Rezension zu meinem Buch schreiben. Das hilft anderen Lesern, dieses Buch zu finden und einzuschätzen. Vielen herzlichen Dank, wenn Sie sich nun kurz die Zeit für eine wertschätzende Rezension (https://amzn.to/314myVv) nehmen.

Wenn Ihnen mein Buch gefallen hat, dann könnten Ihnen meine weiteren Bücher und Fachvorträge ebenfalls gefallen. Wenn Sie sich über die Homepage www.gossweb.de in den Newsletter eintragen (https://bit.ly/38VByrD), erhalten Sie alle neuesten Informationen. So verpassen Sie keine Neuveröffentlichung mehr. Außerdem haben Sie die Möglichkeit, weiter Informationen zu dem Erziehungstraining für gestresste Eltern „FAMILIE VITAL" (www.familie-vital.eu) und andere Bildungsangebote sowie Beratungsangebote exklusiv von Dipl.-Päd. Wilhelm Goss zu erhalten.

Empfehlen Sie mich gerne für Vorträge zu dem Inhalt dieses Buches weiter. Soweit es mir möglich ist, komme ich sehr gerne zu Bildungsveranstaltungen. Vielleicht lernen wir uns auf diesem Wege einmal persönlich kennen. Sprechen Sie mich gerne darauf an.

Nun danke ich Ihnen herzlich, dass Sie sich für das Buch **„Ewige Liebe in der Beziehung? Wie die Ehe durch Vergeben gelingt**" entschieden haben und es bis zum Schluss durchgelesen haben. Ehe ist in erster Linie das, was man tagtäglich daraus macht. Im diesem Sinne verbleibe ich mit den Worten: „Machen Sie es gut!"

Nürnberg, im Februar 2020

Wilhelm Goss

Literaturverzeichnis

Engelbrecht, S. & Linden, M. (2019): Lass los!: Es reicht - Wege aus der Verbitterung. Ecowin.

Handrock A. & Baumann, M. (2017): Vergeben und Loslassen in Psychotherapie und Coaching: Mit E-Book inside und Arbeitsmaterial. Springer.

Hill, P. & Kopp, J. (2013): Familiensoziologie. Grundlagen und theoretische Perspektiven. Springer.

Rudnicka J. (30.07.2019): Anteil der Ehescheidungen nach Ehejahren in Deutschland 2018. https://de.statista.com/statistik/daten/studie/229/umfrage/anteil-der-ehescheidungen-nach-ehejahren/ (abgerufen am 23.01.2020).

Strauss, K. (2010): Die heilende Kraft der Vergebung: Die sieben Phasen spirituell-therapeutischer Vergebungs- und Versöhnungsarbeit. Kösel-Verlag.

Worthington, E. & Wade, N. (Hg) (2019) Handbook of Forgiveness. 2. Aufl., Taylor & Francis Inc.

Yu-Rim Lee & Robert D. Enright (2019): A meta-analysis of the association between forgiveness of others and physical health. Psychology & Health, 34:5, 626-643, DOI: 10.1080/08870446.2018.1554185

Wie und warum Männer sich mehr in der Erziehung einbringen sollen, zeigt der Erziehungswissenschaftler anhand zahlreicher empirischer Untersuchungsbefunde auf. Verantwortungsbewusste Vaterschaft entfaltet sich als eine generative und entwicklungsbezogene Handlungskompetenz des Vaters in der Betreuung, der Erziehung und Versorgung sowie bei seinem umfassenden Engagement in der Vater-Mutter-Kind-Beziehung. Denn ein stützender, einfühlsamer, fördernder und Grenzen setzender Vater wirkt sich auf die kognitive, emotionale, moralische und psychosoziale kindliche Entwicklung positiv aus. Ein Fachbuch, das Mut zur väterlichen Erziehung macht.

W. Goss (2019): Weitersagen - Schritte zum Glauben: Ein mehrsprachiger Glaubensgrundkurs (Teilnehmerheft zum Glaubenskurs Weitersagen). Bereits erschienen in Deutsch (https://amzn.to/2UBoALC) und Englisch (https://amzn.to/2tIKfqd).

WEITERSAGEN - Schritte zum Glauben (http://weitersagen.info) ist ein mehrsprachiger christlicher Glaubensgrundkurs, der überwiegend in der Migranten- und Flüchtlingsarbeit eingesetzt wird. Er entfaltet einfach, verständlich und anschaulich in 10 Lektionen die Grundlehren des christlichen Glaubens. Als gedruckte Teilnehmerhefte oder E-Books in der jeweiligen Sprache Farsi/Persisch, Türkisch, Arabisch, Russisch, Englisch und Deutsch sowie die kostenlose WEITERSAGEN 2017 App (http://bit.ly/31CVUmO) in allen sechs Sprachen erhältlich.

Veröffentlichungen demnächst unter Verlagsbuchhandlung-Goss.de

Das Buchsortiment der Verlagsbuchhandlung Goss wird aktuell überarbeitet. Neue Veröffentlichungen finden Sie unter www.verlagsbuchhandlung-goss.de.

Auch die „Bunte Sammlung aus alten Zeiten" wird wieder neu aufgelegt. Es ist eine Reihe, die geistliche Lebensweisheiten für Kinder, Jugendliche und Erwachsene in Geschichten erzählt. Dazu gehören die Erzählungen von:

- Genoveva
- Rosa von Tannenburg
- Der neue Pfarrer
- Wasserflut am Rhein
- Heinrich von Eichenfels
- …

Sie wollen weitere wertorientierte und wertstiftende Publikationen finanziell unterstützen?

1. • **WÄHLEN Sie ein PROJEKT aus**

2. • **SPENDEN Sie min. 10,- €**

3. • **Geben Sie Ihre ADRESSE an**

4. • **ERHALTEN Sie Ihr persönliches und handsigniertes EXEMPLAR**

Projekte, die auf Ihre Unterstützung warten:

1. Vereinsamung
2. Autismus-Spektrum-Störungen
3. Zur freien Verwendung

Bankverbindung:

VBH Natalya Goss

IBAN: DE36 5001 0517 5431 7321 18

Verwendungszweck: Projekt-Nr. + Adresse

www.ingramcontent.com/pod-product-compliance
Lightning Source LLC
La Vergne TN
LVHW011050200726
843509LV00011B/1377